# 修羅場の極意

佐藤 優
Masaru Sato



Chuko Shinsho
La Clef
500

中央公論新社

# はじめに——東京拘置所での谷底生活から

人生には、山もあれば、谷もある。筆者も十年前の今頃は、谷底にいた。具体的には、鈴木宗男事件に連座し、二〇〇二年五月十四日に東京地方検察庁特別捜査部に逮捕され、「小菅ヒルズ」（東京拘置所）の三畳プラス板の間（七・五平方メートル）の独房に閉じ込められていた。

しかも、罪証隠滅の虞《おそれ》があるという理由で、接見等禁止措置（業界用語では「接禁」という）がつけられていた。接禁がつくと、弁護人以外との面会、手紙のやりとりができない。それだけでなく、自費での新聞、雑誌、書籍の購入も禁止される。もっとも弁護人経由で、雑誌、書籍を差し入れてもらうことは可能だ。起訴されると囚人の身分が被疑者から被告人に変わる。このときに新聞購読（東京拘置所では、『読売新聞』か『朝日新聞』の自費講読が可能）は通常認められるのであるが、筆者の場合は、起訴後も取り調べが続いていたので、認められなかった。

公判が始まってしばらくして、弁護人が拘置所の指定した売店を通じて差し入れるという形でスポーツ新聞の講読が許可された。なぜか『日刊スポーツ』だけで、『スポーツ報知』や『東京スポーツ』を講読することはできない。検閲の手間を省くために、囚人の目に触れる新聞を制限していたのであろう。『日刊スポーツ』の社会面には、政治や外交に関する記事もある。それだから、「塀の外」で何が起きているかを知るのに、スポーツ紙はとても重要な情報源になった。

新聞は検閲を経て、昼過ぎに独房に配られる。そして、翌日の朝には、独房の外に出さなくてはならない。囚人が新聞を破いたり、切り抜いたりすることは厳重に禁止されている。切り抜きたいときには、「切り抜き願」という「願箋《がんせん》」に「○月×日付『日刊スポーツ』△面、上段右の記事の切り抜きを希望」という書類を提出しなくてはならない。拘置所も役所だから、書類には署名と捺印が必要だ。囚人は、房内で印鑑を所持できない。印鑑の代わりになるのが、左手のひとさし指の先だ。「先生」（拘置所では、看守を「先生」と呼ぶ）が常時携帯している黒い「朱肉」ケースを開けてもらい、願箋に指印を押す。手続きがわずらわしいので、筆者は新聞記事をノートに書き写すようにしていた。

現在は規則が変わり、房内での所持品の量的規制がかなり緩和されたが、筆者が収監されていた時期は、ノートは原則として一冊しか所持できなかった。特別の許可を得れば、自由筆記、公判、学習のためのノートをそれぞれ一冊ずつ所持できた。ちなみに、現在、筆者が使っているノートの表紙には「自由筆記　126　2013／3／19〜」と記されている。126というのは、東京拘置所で使っていたノートからの通番である。使用済みノートは、領置（囚人の私物を拘置所にあずけること）することが原則だった。もっとも、「使用済みノート所持願」という願箋を出せば、旧いノートを五冊まで所持することができた。裏返して言うと、現在使っているノート三冊と旧いノート五冊が、独房内に保存できる、囚人自身が作成した文字情報の最大保存容量だった。

弁護人から差し入れられる書籍の房内所持も三冊以内だった。もっとも、「冊数外願」という願箋を出すと、宗教教典、学習用の書籍に関しては「冊数外」という特別許可が出て、追加的に七冊の本を房内で所持することができた。幸い神学書は宗教教典に準ずるという理由で「冊数外」の許可を取れるので、「小菅大学」で満足のいく勉強をすることができた。

＊

さて、修羅とは、仏教語の阿修羅の略語だ。

〈あしゅら【阿修羅】〔仏〕（梵語 Asura）古代インドの神の一族。後にはインドラ神（帝釈天）など天上の神々に戦いを挑む悪神とされる。仏教では天竜八部衆の一つとして仏法の守護神とされる一方、六道の一つとして人間以下の存在とされる。絶えず闘争を好み、地下や海底にすむという。〉（『広辞苑 第六版』）

修羅場とは、継続的に闘争が起きている場所を指す。橋本龍太郎、小渕恵三、森喜朗の三首相のもとで北方領土交渉に従事していたときは、修羅場の中にいるようだった。森内閣が退陣し、小泉純一郎政権が登場し、田中眞紀子氏が外相に就任した。いくつかの偶然が重なり、田中眞紀子・鈴木宗男戦争が勃発し、外務省はまさに修羅場になった。そして、北方領土交渉で鈴木氏と盟友関係にあった筆者も修羅場に引きずり出されることになった。

筆者はロシアで、一九九一年一月、リトアニアのビリニュスでソ連軍が独立派を弾圧し、流血の惨事になった「血の日曜日」事件（ビリニュス事件）、同年八月のソ連共産党守旧派によるクーデター未遂事件、一九九三年十月のエリツィン大統領派と旧議会派が武力衝突を起こした「モスクワ騒擾《そうじょう》事件」を目の当たりにした。これらの事件は、確かに修羅場だった。筆者が個人的に親しくするロシア人、リトアニア人たちが事件に巻き込まれたが、日本の外交官である筆者は、近くにはいても、当事者ではなかった。

北方領土交渉、外務省における田中眞紀子騒動では、筆者自身が修羅場のプレイヤーになった。絶えず闘争が続いている状況では、普段は見えるはずのものが見えなくなってしまう。逆に普段、見えないものが見えるようになることもある。修羅場にも独自のゲームのルールがあり、それに対応する作法と技法がある。このことに気づいたのは、東京拘置所の独房の中でのことだった。

外界から遮断された環境で、落ち着いて思索できる。さらに筆者の両隣の独房に収容されていたのは確定死刑囚だった。独房の窓を開けて少し大きな声で話せば、隣の死刑囚と話をすることもできた。もっともこれは「通声《つうせい》」と言って、規則で厳しく禁止されている。看守に見つかれば、懲罰の対象になる。死刑囚に対する処遇は、他の囚人に対するよりも甘いので、筆者が死刑囚と話をしても、看守は見て見ぬ振りをするか、口頭で注意するだけだったと思う。しかし、筆者はどうしても死刑囚に話しかけることができなかった。

死刑囚の隣の独房で生活していると、不思議な心理状態になる。筆者はいずれこの独房から釈放されて外に出ることになるが、両隣の死刑囚は、生きて拘置所の外に出ることがない。こう思うと、自分だけが外に出るのが申し訳ないという気持ちになる。特に死刑囚の一人は、かつて日本に共産主義革命を起こそうと真剣に考え、結果として十七人を殺害した。筆者が十数年早く生まれ、キリスト教ではなく、マルクス主義に帰依したならば、隣の死刑囚と同じような状況になっていたかもしれないとふと思う。

政治には固有の悪があるということを、同志社大学神学部の教師たちは、真剣に筆者に説いた。学生時代にも、小さな修羅場はいくつもあった。しかし、ここでもし、修羅場の作法を間違え、学生運動のはずみで道路交通法違反や公務執行妨害で逮捕されたならば、まったく別の人生を歩むことになったであろう。

五一二泊五一三日の勾留を終え、東京拘置所を保釈になったのが二〇〇三年十月八日なので、外界に出てから既に十年以上が経った。しかし、筆者は現在もときどき「独房」で思索する。筆者は複数の仕事場を持っているが、自宅三階の仕事部屋は八平方メートルで東京拘置所の独房より少し広い。壁面はすべて本棚で、大きな机と簡易ベッドがある「独房型書斎」を作った。インターネットにつながったコンピューターと、コピー、ファックスの複合機があるので、拘置所と異なり外界との連絡は自由に取ることができる。

しかし、この狭い部屋にいると、あの独房生活を思い出し、自ずから思索が深くなっていく。独房にいるときは、十年後の筆者が職業作家になっているなどとは、夢にも思っていなかった。ただ必死になって、外交と政治の修羅場で、自分はどこで間違ったかについて、真剣に考えた。そのときの気持ちにもう一度帰りながら、修羅場の作法に関し、考察したい。

佐藤　優

目次

## III

## 「獄中」の教訓は役に立つ



## IV

## ヴァーチャルな修羅場、リアルな修羅場

# 修羅場の極意

＊本文は一部敬称略。
引用文中の旧字・旧かなは新字・
旧かなに直し、適宜ルビをつけた。

本文ＤＴＰ／今井明子

# I

# 偉人たちのサバイバル術

# 1章　助言者は絞り込め

ニッコロ・マキアベリ

## 権力維持のためには恐れられろ

まずは、マキアベリズムについて取り上げる。国家にとって指導者はとても重要だ。その理由について考えてみよう。こういうときに「頭の体操」として、極端な例を考えると問題の輪郭がはっきりする。戦争について考えてみよう。国家が必要とされる最大の理由は、戦争から国民を守ることだ。ある部隊に間抜けな兵隊がいるとする。戦闘になった場合、その兵隊が弾にあたって倒れるだけだ。しかし、隊長が間抜けだと部隊が全滅する。隊長がしっかりしていないと部隊全体が危険にさらされることになる。読者の職場においても似たような状況だと思う。チームリーダーや部長が無能だと、全体に悪影響が及ぶ。これは国家においても同じだ。

中世までは、政治が宗教と分離していなかった。それだから、神の意思と国王の宗教的な情熱や個人的資質が国家の命運を左右すると考えられていた。これに対して、フィレンツェ（イタリア）の官僚ニッコロ・マキアベリ（一四六九～一五二七年）は、政治を論理で読み解こうとした。その結果、性格がよい人よりも、疑い深く、国民から恐れられるような国王の方が、結果として国民に幸せをもたらすと考えた。国王にとって必要な資質についてマキアベリはこう記す。

〈新君主にあっても、かるがるしく信じず、かるがるしく行動を起こさず、さらにまた、自分の影におびえてはならない。相手を信じすぎて、思慮をなくしたり、かといって、あまりに不信の気持をいだいて狭量にならないように、思慮と人間味をもって落ちついて事を運ばなくてはいけない。〉

（マキアヴェリ［池田廉訳］『新訳　君主論』中公文庫、一九九五年、九八頁）

疑い深いが、同時に人間味を持たなくてはならないというのはなかなか難しい要請だ。人間は複雑な存在だ。合理性を持つが、同時にそれだけでは割り切れない。こういう人間を支配するために、国王は矛盾する資質を備えなければならないのだ。実際にこの要請にこたえるのは難しい。特に国民に愛されるとともに恐れられる国王になることはとても難しい。その場合、恐れられた方がいいとマキアベリは主張する。

〈ここでもう一つの議論が生まれる。恐れられるのと愛されるのと、さてどちらがよいか、である。だれしもが、両方をかねそなえているのが望ましいと答えよう。だが、二つをあわせもつのは、いたってむずかしい。そこで、どちらか一つを捨ててやっていくとすれば、愛されるより恐れられるほうが、はるかに安全である。というのは、一般に人間についてこういえるからである。そもそも人間は、恩知らずで、むら気で、猫かぶりの偽善者で、身の危険をふりはらおうとし、欲得には目がないものだと。

そのため、あなたが恩恵をほどこしているうちは、みながあなたの意のままになり、血液も、家財も、生命も、子供たちさえあなたに捧げてくれる。とはいえ、さきにも述べたとおり、それほどの必要性が、まだはるか先のときはである。そして、いざ本当にあなたに必要がさしせまってくると、きまって彼らは背をむける。そこで、彼らの口約束に全面的にのってしまった君主は、ほかの準備にまったく手をつけていないため、滅んでいく。偉さや気高い心に惹きつけられてでなく、値段で買いとられた友情は、ただそれだけのもので、いつまでも友情があるわけではなく、すわというときの当てにはならない。〉

（前掲書九八〜九九頁）

修羅場で、守勢になった側での裏切り行為は、ごく普通の出来事だ。政党、官庁、企業は利益共同体（ゲゼルシャフト）なので、人間関係は、基本的に打算に基づいて構築されている。政治家や官僚の派閥も、守勢になると崩れてしまいやすいのは、利益共同体の本性からして仕方のないことだ。

マキアベリは、人間の本質は悪であると考える。こういう性悪な人間たちによって作られる世界は、基本的に悪だ。それだから、現実に人間が生きている世界は不幸に満ちているのである。政治の目的は、性悪な人間が作った社会における不幸を減らすことだ。それだから、「最小不幸社会」の実現が政治の目標となる。

## 菅伸子元首相夫人はマキアベリスト

日本人でこういう政治哲学を首尾一貫して唱えているのが菅直人・伸子夫妻である。ベストセラーの菅伸子著『あなたが総理になって、いったい日本の何が変わるの』（幻冬舎新書）は、現代の『君主論』だ。菅伸子氏は偉大な政治思想家で、二十一世紀のマキアベリストであると筆者は考えている。もっとも夫の菅直人氏は、気が弱いところがあり、マキアベリズムを貫徹することができなかったので首相の座を失った（日本国民にとっては、それでよかった)。

マキアベリは、〈人間は、恐れている人より、愛情をかけてくれる人を、容赦なく傷つけるものである。その理由は、人間はもともと邪まなものであるから、ただ恩義の絆《きずな》で結ばれた愛情などは、自分の利害のからむ機会がやってくれば、たちまち断ち切ってしまう。ところが、恐れている人については、処刑の恐怖がつきまとうから、あなたは見離されることがない。

ともかく、君主は、たとえ愛されなくてもいいが、人から恨みを受けることがなく、しかも恐れられる存在でなければならない。なお、恨みを買わないことと、恐れられることとは、りっぱに両立しうる。これは、為政者が、自分の市民や領民の財産、彼らの婦女子にさえ手をつけなければ、かならずできるのである。〉(前掲書九九頁)と指摘する。

マキアベリは、ここで暴力の技法を説いているのだ。恐れられるためには、暴力装置を持っていなくてはならない。そして、必要なときは、暴力装置を毅然《きぜん》と発動する。ただし、略奪を目的とした暴力は、欲望には際限がないために、無制限に行使される危険がある。それだからマキアベリは、暴力を殺戮《さつりく》のために用いる方が効果的であるとき、〈ひとたび略奪で暮らす味をしめた者は、他人の物を奪う口実をいくらでも見つけてしまう。その逆に、血を流す口実となると、めったに見つかるものではなく、じきに種切れになる。〉（前掲書九九～一〇〇頁）と強調する。

ここまでは、権力を維持するための技法に関するマキアベリの見解を見てきた。それでは、どのようにすれば、修羅場での抗争に勝ち、権力を奪取できるとマキアベリが考えているかについて紹介したい。

## 「信義にもとる人」が権力を奪取する

マキアベリによれば、信義にもとる人の方が権力を握ることができるという。

〈君主にとって、信義を守り奸策《かんさく》を弄《ろう》せず、公明正大に生きるのがどれほど称賛されるものかは、だれもが知っている。だが、現代の経験の教えるところでは、信義などほとんど気にかけず、奸策をめぐらして、人々の頭を混乱させた君主のほうが、むしろ大きな事業（戦争）をやりとげている。しかも、けっきょくは、信義に基づく君主を、彼らのほうが圧倒していることが分かる。〉（前掲書一〇二頁）

権力の文法に従って、ときには信義を裏切るような、目的合理的な人が政治の世界では勝利するとマキアベリは信じている。そして、戦いに勝利する二つの方策を紹介する。

〈ところで、戦いに勝つには、二種の方策があることを心得なくてはならない。その一つは、法律により、他は力による。前者は、人間ほんらいのものであり、後者は獣《けもの》のものである。だが、多くのばあい、前者だけでは不十分であって、後者の助けを借りなくてはならない。したがって、君主は、野獣と人間をたくみに使いわけることが肝心である。〉（前掲書一〇二頁）

筆者が、『君主論』からもっとも学んだのは、決断の技法だ。国民から軽蔑されると指導者の力は急速に衰える。マキアベリはこれを決断力と結びつけ、〈軽蔑されるのは、君主が気が変わりやすく、軽薄で、女性的で、臆病で、決断力がないとみられるためである。〉（前掲書一〇七頁）と述べる。さらに、指導者にこびへつらう茶坊主ばかりを周囲に集めるという罠に凡庸な指導者は陥ってしまうとマキアベリは警鐘を鳴らす。

〈ここで、はなはだ重大な問題を、つまり、君主のまぬがれがたい、ある種の失政について論じておきたい。この失敗は、君主がよほど思慮に富むか、人選に当を得なければ、なかなか避けがたい。それは、宮廷にざらに見かけるお追従《ついしょう》者のことである。

人間は、自分のこととなると、じつに身びいきなものであって、この点をつかれると、人にだまされやすいから、このペスト禍から身を守るのはむずかしい。それに、汚染から身を守ろうとするあまり、見くびられる危険性もある。そもそも、お追従者から身を守る手段は、真実を告げられてもけっして怒らないと人々に知ってもらうしかない。ところが、そこで、だれもがあなたに真実を話して構わないとなると、あなたへの尊敬の念が消えてしまう。〉（前掲書一三七頁）

それでは、追従者を避け、かつ権威を維持するためにはどうしたらいいのだろうか。マキアベリは、〈こう考えると、思慮の深い君主のとるべき態度は、第三の道でなければならない。すなわち、君主は、国内から幾人かの賢人を選びだして、彼らにだけあなたに自由に真実を話すことを許す。しかも君主の下問の事がらにかぎって、ほかの論議を認めないことにする。君主は、諸般の事項について彼らに訊ね、その意見を聴き、そののち、自分が独りで思いどおりに決断をくださなくてはいけない。しかも、こうした助言が、また個々の助言者が、率直に話せば話すほど歓迎されることを、めいめいに十分汲みとってもらえるように、応対しなくてはいけない。また彼らのほかは、だれのことばにも耳をかさず、君主自身の決断をかならず守り、その決断を貫くことである。これ以外のやり方をしては、お追従者のために没落するか、雑多な意見がでるたびに、やたらに説を変えて、君主の評判ががた落ちになる。〉（前掲書一三七〜一三八頁）と述べる。これは、君主でなくとも、企業や官庁のトップにも必要な決断の技法だ。

マキアベリは、時代状況に対応できない君主が権力を失うのは当然のことと考え、こう強調する。

〈もし、慎重に、忍耐づよく国を治める君主が、時代や状況の動きと政治がうまく合っていれば繁栄へと向かう。だが、時代も状況も変化してしまえば、衰微する。なぜなら、君主が行き方を変えないためである。それにしても、こうした状勢に即応できる賢明な人間はなかなか見あたらない。

その理由は、人間はもって生まれた性質に傾いて、そこから離れられないからである。もう一つのわけは、ある道を進んで繁栄を味わった人は、どうしてもその道から離れる気がしないということだ。〉（前掲書一四五頁）

筆者の場合も、北方領土交渉に熱中し、それなりの成果をあげていたために、「どうしてもその道から離れる気」にならず、それが投獄という結果を招いた。もっと早く、北方領土交渉を諦めていれば、事件に巻き込まれることにはならなかったであろうが、何事も経験なので、筆者はこれでよかったと、心底思っている。

## 1章のことば

「君主は、国内から幾人かの賢人を選びだして、彼らにだけあなたに自由に真実を話すことを許す」

（ニッコロ・マキアベリ）

■解説

トップに立つ者は、助言を絞り込む必要がある。専門知識のある者の助言を受けるが、その場で結論を出さず、自分の頭でよく考え、決断する。ひとたび決断したら、その後、多少、迷いが生じても、決断を断固貫く。

# 2章　逆説的発想で事態を打開せよ　イエス・キリスト

## 「これは命が危なくなる」と思ったとき

外交官としてソ連やロシアに勤務していたときに筆者も何度か修羅場を体験した。「これは命が危なくなる」と思った出来事を、危険度の高い順に記すと、第一位が一九九三年十月のモスクワ騒擾事件、第二位が一九九一年一月のビリニュス事件、第三位が同年八月のソ連共産党守旧派によるクーデター未遂事件だ。

歴史的な衝撃度から言えば、第三位のクーデター未遂事件の方がはるかに大きいのであるが、あのときにはクーデターを起こしたソ連共産党守旧派と、それに抵抗するロシア共和国のエリツィン大統領派の間に「内乱だけは避けよう」という暗黙の合意があった。それだから、KGB（ソ連国家保安委員会）がエリツィンたちを逮捕して、強権的な支配体制を構築することはあるだろうが、モスクワが内乱状態になることはないと思った。

　これに対して、エリツィン大統領派と旧最高会議派が武力衝突を起こしたモスクワ騒擾事件、リトアニアの独立派をソ連軍が武力で鎮圧したビリニュス事件のときは、内乱になる危険を皮膚感覚で感じた。言葉ではうまく言い表すことができないのだが、ちょっとしたボタンの掛け違いで、憎悪の拡大再生産が生じそうな独特の空気があった。これに武器とそれを扱う能力を持つ人が数百人いると内乱が起きる。幸い、ビリニュス事件もモスクワ騒擾事件も、内乱には発展しなかったが、それは対立する双方の陣営の指導部に、憎悪の拡大を抑える努力をした人が数人いたからだ。

　日本で筆者が経験した最大の修羅場は、二〇〇二年一~五月にかけて鈴木宗男バッシングの嵐に巻き込まれたときのことだ。外務省内の鈴木宗男氏に反発する勢力と筆者たち北方領土交渉を現実的に進めようとする路線（ちなみにこの路線が安倍政権の対露政策の基本になっている）の支持者との間で、これまで抑えられていた対立が顕在化し、それが瞬《また》く間に日本社会全体で、憎悪の拡大再生産に発展していった。この年の五月十四日に筆者は東京地方検察庁特別捜査部に背任容疑で逮捕された。「もうこれで記者たちから追いかけられず、ほっとした」というのが、そのときの筆者の率直な感想だった。

東京拘置所の独房に翌二〇〇三年十月八日まで、五一二泊することになった。二〇〇三年三月に新獄舎に移動するまでは、冷暖房のない独房で過ごした。確かに暑さ寒さは厳しかったが、それでも世間の憎悪から厚い壁で遮断されていることの方が、筆者にははるかに有り難かった。それだから、東京拘置所の独房生活について悪い思い出はない。検察官による取り調べがなければ、外界の空気から遮断された独房は、読書、思索にとっては快適な環境だった。同じテキストでも、娑婆《しゃば》にいるときと、独房の中とでは、解釈の深さが変わってくる。

## 敵の内在的論理が理解できるイエスの方法論

逮捕されたとき、弁護士から独房に最初に差し入れてもらったのが『新共同訳聖書』（日本聖書協会）だった。筆者はプロテスタントのキリスト教徒なので、聖書には、子どもの頃から親しんでいる。さらに筆者の基礎教育は神学なので、同志社大学神学部と大学院で勉強したときは、いつも聖書を持ち歩いていた。この聖書は、旧約聖書が一九五五年、新約聖書が五四年に改訳された口語訳聖書だった。聖書は時代に応じて何度も訳し直される。日本のプロテスタントとカトリックの専門家が共同して翻訳した新共同訳が刊行されたのは、八七年のことだった。その頃、筆者は外務省のロシア語研修生としてモスクワ国立大学に留学していた。九一年に日本に一時帰国したときに『新共同訳聖書』を銀座・教文館三階のキリスト教書籍売り場で購入して、モスクワに持っていったが、よく読まなかった。結局、獄中ではじめて『新共同訳聖書』を通読した。

ちなみにイエス・キリストとは、名がイエスで姓がキリストではない。イエスは、旧約聖書のヨシュアに対応する、紀元一世紀のパレスチナにごく普通にあった名だ。これに対してキリストとは、ギリシア語の「クリストス」に由来する。ヘブライ語の「マーシアッハー」あるいはアラム語の「メーシーハー」のギリシア語形だ。元来の意味は「油を注がれた者」だ。旧約聖書では、王、祭司、預言者を指すときにこの言葉が用いられている。一世紀のパレスチナでは、この言葉は救済主を意味していた。それだから、イエス・キリストという表現は、「イエスは、救済主である」という信仰を告白する意味を持つ。

修羅場から抜け出すためには、イエスの知恵が役に立つことを筆者は獄中で再発見した。例えば、「敵を愛せ」というイエスの言葉だ。この言葉についての証言は、「マタイによる福音書」「ルカによる福音書」に以下のように記されている。

〈「あなたがたも聞いているとおり、『隣人を愛し、敵を憎め』と命じられている。しかし、わたしは言っておく。敵を愛し、自分を迫害する者のために祈りなさい。あなたたがたの天の父の子となるためである。父は悪人にも善人にも太陽を昇らせ、正しい者にも正しくない者にも雨を降らせてくださるからである。自分を愛してくれる人を愛したところで、あなたがたにどんな報いがあろうか。徴税人でも、同じことをしているではないか。自分の兄弟にだけ挨拶したところで、どんな優れたことをしたことになろうか。異邦人でさえ、同じことをしているではないか。だから、あなたがたの天の父が完全であられるように、あなたがたも完全な者となりなさい。」〉

（「マタイによる福音書」5章43〜48節）

〈「しかし、わたしの言葉を聞いているあなたがたに言っておく。敵を愛し、あなたがたを憎む者に親切にしなさい。悪口を言う者に祝福を祈り、あなたがたを侮辱する者のために祈りなさい。あなたの頬を打つ者には、もう一方の頬をも向けなさい。上着を奪い取る者には、下着をも拒んではならない。求める者には、だれにでも与えなさい。あなたの持ち物を奪う者から取り返そうとしてはならない。人にしてもらいたいと思うことを、人にもしなさい。自分を愛してくれる人を愛したところで、あなたがたにどんな恵みがあろうか。罪人《つみびと》でも、愛してくれる人を愛している。また、自分によくしてくれる人に善《よ》いことをしたところで、どんな恵みがあろうか。罪人でも同じことをしている。返してもらうことを当てにして貸したところで、どんな恵みがあろうか。罪人さえ、同じものを返してもらおうとして、罪人に貸すのである。しかし、あなたがたは敵を愛しなさい。人に善いことをし、何も当てにしないで貸しなさい。そうすれば、たくさんの報いがあり、いと高き方の子となる。いと高き方は、恩を知らない者にも悪人にも、情け深いからである。あなたがたの父が憐れみ深いように、あなたがたも憐れみ深い者となりなさい。」〉（「ルカによる福音書」6章27～36節）

イエスは、誰でも愛しなさいという博愛主義を説いているのではない。あくまでも敵は敵なのである。何となく「みんな友だち」というような生温《なまぬる》い人間関係をイエスは好まない。〈わたしが来たのは地上に平和をもたらすためだ、と思ってはならない。平和ではなく、剣《つるぎ》をもたらすために来たのだ。わたしは敵対させるために来たからである。／人をその父に、／娘を母に、／嫁をしゅうとめに。／こうして、自分の家族の者が敵となる。〉（「マタイによる福音書」10章34～36節）とはっきり述べている。

イエスは、まず敵と味方をはっきり峻別《しゅんべつ》せよと説いている。その上で、敵を愛するのである。もちろん人間の心情として、敵を愛することはできない。しかし、愛するように努力しなくてはならない。敵には敵なりの理屈や立場がある。敵を愛するという視座を無理をしてでも持つことにより、敵の内在的論理を理解することができる。憎しみは、人の眼を曇らせる。その結果、敵の論理や動きを正確に判断することができなくなる。そして、間違えた対応をしてしまう。敵を愛するという気構えを持つことによって、戦いを有利に進めることができるのである。

イエスは、〈あなたの頬を打つ者には、もう一方の頬をも向けなさい。上着を奪い取る者には、下着をも拒んではならない。〉（「ルカによる福音書」6章29節）と言うが、これも人間の心理をよくつかんでいる。「よくも俺の右の頬を叩いたな。それじゃ、左の頬も殴ってみろ！」「俺の上着を取ろうというなら、貴様に下着もくれてやる」と開き直ったら、相手はどういう態度を取るだろうか。相手は、一瞬怯《ひる》む。その怯んだ隙に、こちらが攻勢をかける機会が生じる。イエスは実に喧嘩がうまい。

### 敵の仕掛けた罠から見事に抜け出す

さらに敵が罠を仕掛けようとしたときのイエスの対応は見事だ。エルサレムの神殿で、皇帝に税金を納めるべきかどうかについて問われたときのイエスの対応に、罠を仕掛けられたときに、そこからどうやって抜け出したらよいかについての知恵が記されている。この出来事については、「マルコによる福音書」「マタイによる福音書」「ルカによる福音書」のいずれもが言及しているので、それぞれ引用しておく。同じ出来事について述べているように見えても、福音書の記述には、小さな差異がある。この差異を無視せずに想像力を働かすことで、目に見えないが確実に存在する世界をつかむ力がつく。

〈さて、人々は、イエスの言葉じりをとらえて陥れようとして、ファリサイ派やヘロデ派の人を数人イエスのところに遣わした。彼らは来て、イエスに言った。「先生、わたしたちは、あなたが真実な方で、だれをもはばからない方であることを知っています。人々を分け隔てせず、真理に基づいて神の道を教えておられるからです。ところで、皇帝に税金を納めるのは、律法に適っているでしょうか、適っていないでしょうか。納めるべきでしょうか、納めてはならないのでしょうか。」イエスは、彼らの下心を見抜いて言われた。「なぜ、わたしを試そうとするのか。デナリオン銀貨を持って来て見せなさい。」彼らがそれを持って来ると、イエスは、「これは、だれの肖像と銘か」と言われた。彼らが、「皇帝のものです」と言うと、イエスは言われた。「皇帝のものは皇帝に、神のものは神に返しなさい。」彼らは、イエスの答えに驚き入った。〉

（「マルコによる福音書」12章13〜17節）

〈それから、ファリサイ派の人々は出て行って、どのようにしてイエスの言葉じりをとらえて、罠にかけようかと相談した。そして、その弟子たちをヘロデ派の人々と一緒にイエスのところに遣わして尋ねさせた。「先生、わたしたちは、あなたが真実な方で、真理に基づいて神の道を教え、だれをもはばからない方であることを知っています。人々を分け隔てなさらないからです。ところで、どうお思いでしょうか、お教えください。皇帝に税金を納めるのは、律法に適っているでしょうか、適っていないでしょうか。」イエスは彼らの悪意に気づいて言われた。「偽善者たち、なぜ、わたしを試そうとするのか。税金に納めるお金を見せなさい。」彼らがデナリオン銀貨を持って来ると、イエスは、「これは、だれの肖像と銘か」と言われた。彼らは、「皇帝のものです」と言った。すると、イエスは言われた。「では、皇帝のものは皇帝に、神のものは神に返しなさい。」彼らはこれを聞いて驚き、イエスをその場に残して立ち去った。〉

（「マタイによる福音書」22章15〜22節）

〈そこで、機会をねらっていた彼らは、正しい人を装う回し者を遣わし、イエスの言葉じりをとらえ、総督の支配と権力にイエスを渡そうとした。回し者らはイエスに尋ねた。「先生、わたしたちは、あなたがおっしゃることも、教えてくださることも正しく、また、えこひいきなしに、真理に基づいて神の道を教えておられることを知っています。ところで、わたしたちが皇帝に税金を納めるのは、律法に適っているでしょうか、適っていないでしょうか。」イエスは彼らのたくらみを見抜いて言われた。「デナリオン銀貨を見せなさい。そこには、だれの肖像と銘があるか。」彼らが「皇帝のものです」と言うと、イエスは言われた。「それならば、皇帝のものは皇帝に、神のものは神に返しなさい。」彼らは民衆の前でイエスの言葉じりをとらえることができず、その答えに驚いて黙ってしまった。〉

（「ルカによる福音書」20章20〜26節）

この三つのテキストを比較して気づくのは、「マタイ」と「ルカ」は、「マルコ」の記述を下敷きにして書かれていることだ。まず、この出来事が、エルサレムの神殿の中で行われていることに注意する必要がある。神殿には、さまざまなグループに属するユダヤ教徒が訪れていた。

当時、ファリサイ（パリサイ）派とヘロデ派のユダヤ教徒は、激しく対立する関係にあった。ユダヤ王国は滅ぼされ、パレスチナはローマ帝国の占領下に置かれていた。このような状況で、ヘロデ派はローマ帝国に対して融和的だった。そして、滅ぼされたヘロデ王家の復興をローマ帝国の下で実現しようと考えていた。それだからヘロデ派と呼ばれていた。ローマ帝国側もヘロデ派に対しては、優遇措置を取っていた。

これに対してファリサイ派は、ローマ帝国と緊張関係にあった。ファリサイとは、「分離者」を意味するヘブライ語の「パルーシーム」、アラム語の「パリシャイヤ」を語源とする。ファリサイ派は、ユダヤ教の律法を遵守するために、律法について無知もしくは無関心なユダヤ人同胞を「地の民」と呼んで軽蔑し、自らをそこから分離した。非ユダヤ教徒のことも軽蔑し、交流しなかった。ファリサイ派は、ユダヤ社会のヘレニズム（ギリシア）化に抵抗して生まれてきた運動である。職人、商人、農民などに多く、ファリサイ派に属する律法教師、祭司、最高法院（国会）議員もいた。ユダヤ人社会に与える影響も大きかったのである。

新約聖書で、ファリサイ派はイエスに敵対する偽善者のように描かれている。これは一種の近親憎悪だ。実際は、ユダヤ教の中ではファリサイ派の主張がイエスの言説にいちばん近い。第三者的に見れば、キリスト教はファリサイ派の亜流なのである。

ファリサイ派とヘロデ派が共闘し、イエスを陥れようと、皇帝への税金に関する質問をしたのだ。それだから「ルカによる福音書」に、〈正しい人を装う回し者を遣わし、イエスの言葉じりをとらえ、総督の支配と権力にイエスを渡そうとした。〉と書かれている。ヘロデ派ならば、イエスを拘束してローマ当局に引き渡すことが可能だったのである。ここで問題になっている税金は、西暦六年にローマがパレスチナを直轄領にした後、ユダヤ人に対して課された人頭税のことであった。ローマ帝国に税金を支払うことは、経済問題であるとともに宗教問題でもあった。ファリサイ派の中のサドクたちのグループ、それからゼロテ（熱心）党は、ローマ帝国への納税は、神ではなく、異教を信じる皇帝の命令に服することだと反対した。これに対して、親ローマ的なヘロデ派は、税金を当然払うべきであるという立場だった。

「皇帝に税金を納めるのは、律法に適っているでしょうか、適っていないでしょうか。納めるべきでしょうか、納めてはならないのでしょうか。」という質問に対して、イエスが「納めるべきだ」と答えると、ファリサイ派と熱心党から「イエスは神を裏切った」と非難される。ローマに税金を払うべきでないという立場は、民衆に広く支持されているので（どの時代のどの国民も税金を払うのは嫌である）、イエスの信用が失墜する。

イエスが「納めるべきでない」と答えると、反逆罪で逮捕される危険がある。どちらの答えをしても、イエスを陥れることができるという計算の下で、この質問がなされたのである。

イエスはお人好しではない。不誠実な連中の質問にまともに答えて、窮地に陥るような間抜けたまねはしない。そこで、納税用に用いられるデナリオン銀貨を持って来て見せろという。ここにトリックがある。デナリオン銀貨には皇帝ティベリウスの肖像と、皇帝を神聖な者とたたえる文字が刻まれている。これはユダヤ教の律法に照らすと偶像である。偶像を神殿に持ち込むことはタブーだ。イエスは引っかけ質問をした連中がタブーを犯すように誘導し、律法の是非について質問する資格を失わせた。その上で、「皇帝のものは皇帝に、神のものは神に返しなさい。」と答えたのである。肩すかしを食わせたのだ。

## 実力行使も辞さない

ちなみにイエスは、決しておとなしい絶対平和主義者ではない。神の道に反した行動をする輩《やから》に対しては実力を行使することもある。

〈それから、一行はエルサレムに来た。イエスは神殿の境内に入り、そこで売り買いしていた人々を追い出し始め、両替人の台や鳩を売る者の腰掛けをひっくり返された。また、境内を通って物を運ぶこともお許しにならなかった。そして、人々に教えて言われた。「こう書いてあるではないか。
『わたしの家は、すべての国の人の／祈りの家と呼ばれるべきである。』
ところが、あなたたちは／それを強盗の巣にしてしまった。」〉
（「マルコによる福音書」11章15〜17節）

イエスは神殿で商売をしている連中を実力で追い出した。さらに、屋台をひっくり返し、境内への商品の搬入を阻止した。常識に照らせば、かなり乱暴な行動だ。また、イエスの弟子たちも必要に応じて力を行使する。ユダの裏切りによって、イエスが逮捕されたときのことだ。

〈そのとき、イエスと一緒にいた者の一人が、手を伸ばして剣を抜き、大祭司の手下に打ちかかって、片方の耳を切り落とした。そこで、イエスは言われた。「剣をさやに納めなさい。剣を取る者は皆、剣で滅びる。」〉（「マタイによる福音書」26章51〜52節）

イエスが、剣によって戦わなかったのは、非暴力の戦いの方が、圧倒的に強いということを知っていたからである。弱いのではなく、強いから剣に頼らなかったのだ。

このように、イエスの発想は常に逆説的だ。そこから筆者は強い知的啓発を常に受けている。筆者は、「受けるよりは与える方が幸いである」というイエスの言葉にもっとも強い影響を受けた。この言葉は、「使徒言行録」で、パウロの口を通して伝えられている。

〈(前略) また、主イエス御自身が「受けるよりは与える方が幸いである」と言われた言葉を思い出すようにと、わたしはいつも身をもって示してきました。〉

(「使徒言行録」20章35節)

神学生時代も、外交官時代も、東京拘置所の独房に閉じ込められていたときも、そして作家になった現在も、壁に突き当たったとき、筆者はいつもイエスの「受けるよりは与える方が幸いである」という言葉を口に出す。限られた人生の中で、自分が他者から「受けること」を第一義に考えるのではなく、他者に自分が何か「与えること」ができないかを考えることにより、この世界が異なって見えるようになることを、筆者は人生の節目で何度も実感した。今後もこの実感を忘れずに生きていきたい。

## 2章のことば

「受けるよりは与える方が幸いである」

（イエス・キリスト）

■解説

自分が他者に何を与えることができるのかについて考えると、目に見えないが確実に存在する真理を実感できる。

# 3章

# 「偽装」というテクニック
## フョードル・ミハイロビッチ・ドストエフスキー

### 本当にキリスト教作家だったのか

フョードル・ミハイロビッチ・ドストエフスキー（一八二一〜八一年）は、キリスト教作家だという評価が定まっている。特に『カラマーゾフの兄弟』は、人々を信仰に誘《いざな》う書だという解釈がされることが多いが、筆者はこういう評価に強い違和感を覚える。

それは、ドストエフスキーの作品に神やキリストという言葉が過剰なほどに出てくるからである。古代ユダヤ教において、ヤーウェという神の名は、エルサレムの神殿で大祭司が年に一回しか唱えることができなかったことに象徴されるように、真のキリスト教信仰を持つ人は、神やキリストについてあまり語らない。神やキリストという名を口に出すことが畏れ多いからだ。

ドストエフスキーは、若い頃に革命運動に関与したことがある。逮捕、起訴され、銃殺刑の判決を言い渡された。しかし、処刑が執行される直前に皇帝の恩赦状が届き、刑を減ぜられて、ドストエフスキーはシベリアに流刑になった。このときの体験が革命家ドストエフスキーを敬虔なキリスト教徒に回心させたきっかけになったというのが通説的な解釈だ。しかし、筆者は「そうなのだろうか」という強い疑念を持っている。

それは筆者自身が鈴木宗男事件に連座し、二〇〇二年五月十四日に東京地方検察庁特別捜査部に逮捕され、東京拘置所の独房に五一二泊、勾留された経験と関係している。最後の六ヵ月、両隣には確定死刑囚が収容されていた。こういう経験を経ると、皮膚感覚で国家が恐くなる。特にひとたび死刑判決が確定し、そこから恩赦で命拾いしたという修羅場を経験している人には、生き残るための処世術が身につくというのが筆者の作業仮説だ。

それではドストエフスキーの生涯について、スターリン時代の一九五二年に刊行された『ソビエト大百科事典　第二版』第十五巻の記述を見てみたい。なぜスターリン主義の影響下にある記述を取り上げるかというと、ドストエフスキーのキリスト教への帰依を正面から非難しているので、筆者が取り上げたい争点が浮き彫りになるからだ。

〈一八四七年に、ドストエフスキーはペトラシェフスキー会員の革命的サークルの一員となり、そこで空想的社会主義の思想を研究する（それとの近づきはすでに『貧しきひとびと』に反映した）。ドストエフスキーはペトラシェフスキー会員の集りの席で、農奴制にたいするはげしい抗議を蔵したゴーゴリへのベリンスキーの手紙を読み、また秘密印刷所をつくろうとするサークルの企図にくわわった。社会主義にたいするその態度が矛盾にみちたものであったにもかかわらず、ドストエフスキーは西欧の革命事件の影響下に一八四八年、エヌ・ア・スペシネフの組織した秘密革命結社に入った。一八四九年四月二十三日、ドストエフスキーはその他のペトラシェフスキー会員とともに逮捕された。ペトロパヴロフスク要塞監獄に八ヵ月間禁錮されたのち、一八四九年十二月二十二日にペテルブルグのセミョーノフ広場で、ドストエフスキーもまじるペトラシェフスキー会員にたいして死刑の芝居が行われた。受刑人たちは眼かくしをされ、第一のグループが銃殺のために柱のもとへ連れていかれた、やっとその後になって彼らは死刑の中止を宣告されたのである。オムスクの懲役監獄で禁錮の刑期をつとめると（一八五〇―一八五四年）、ドストエフスキーはセミパラチンスクのシベリア警備大隊に兵卒として配属された。将校の位階まで勤めあげて、一八五九年に彼は退官し、トヴェリに移った。

そしてその年の末にはペテルブルグに帰る許可をえた。ツァーリ懲役の恐ろしさをドストエフスキーは『死の家の記録』（一八六一―一八六二年）でただしく書いており、これはロシア文学の古典のフォンドに入っている。懲役は、作家の重い病気（癲癇《てんかん》）を悪化させ、彼の生涯にぬぐい去ることのできない痕をのこした。四〇年代末にすでにその徴候の見えていたドストエフスキーの反動的世界観の形成がこのシベリアで完了した。〉

（ソヴェト大百科事典〔蔵原惟人訳〕『ゴーゴリ、ドストエフスキーおよびゴーリキー』国民文庫〔大月書店〕、一九五四年、四二～四三頁）

## 革命活動家として秘密警察にマークされる

もっとも実際に体制転覆を謀《はか》るような組織化された運動にドストエフスキーが加わっていたわけではない。一八四四年頃から外務省の翻訳官であったペトラシェフスキーの家に若い知識人たちが集まるようになった。翌四五年秋から「金曜会」と称するようになって、毎週集まって議論をした。ペトラシェフスキー・サークルの研究の対象はフランスの空想的社会主義者フーリエの著作や、ドイツの唯物論哲学者フォイエルバハの著書などであった。ドストエフスキーは四七年にこのサークルに加わる。

四九年頃、ペトラシェフスキー・サークルは、革命を起こすべきであるという急進派と、農奴解放が実現し、国会が開設されるならば君主制を維持してもいいという穏健派に分かれる。ドストエフスキーは急進派に所属した。ドストエフスキーがかなり目立った活動家であることは、一八四九年四月二十二日付の皇帝官房第三課（秘密警察）のオルロフ侍従武官長からサンクトペテルブルク憲兵中隊のチュジーノフ少佐に宛てた命令書の内容からも明らかだ。

〈勅命によって、貴官は明朝、未明四時、マーラヤ・モルスカヤ通り、ヴォズネセンスキー大通り角、シーリ持家、三階ブレンメルの貸家に住む退職工兵中尉、作家フョードル・ミハイロヴィチ・ドストエフスキーを検挙して、文書及び書物はすべて封印のうえ、身柄とともに皇帝官房第三課へ届け出てもらいたい。

その際貴官は、ドストエフスキーの文書で隠匿してあるものがないか、徹底的に捜索しなければならない。ドストエフスキーの家宅には、即刻第三課に届けられないほど多数の文書及び書物が発見されないとも限らないので、その場合は一室乃至二室に取り纏めて当該室を封印したうえ、時を移さず、ドストエフスキーの身柄を第三課に連行してもらいたい。

たとえドストエフスキーが、他人の所有であることを主張する文書や書物がある場合でも、容赦することなく封印してよろしい。〉

（レオニード・グロスマン『F・M・ドストエフスキーの生活と作品——伝記、日付と資料』モスクワ、一九三五年、松浦健三訳『ドストエフスキー全集 別巻』新潮社、一九八〇年、一〇〇～一〇一頁）

秘密警察は、ドストエフスキーを重要人物と認定している。そして、この指示の通り、ドストエフスキーは、翌二十三日の午前四時に逮捕され、皇帝官房第三課に連行された。ドストエフスキーの裁判は、五ヵ月後の九月三十日に開始され、十一月十六日に終了した。

〈判決文

軍法会議により被告ドストエフスキーを有罪と認める。被告は本年三月、モスクワより貴族プレシチェーエフ（被告）が与えた文学者ベリンスキーの違法の書簡の写しを受取り、同書簡を最初は被告ドゥーロフ宅、次いで被告ペトラシェフスキー宅と、それぞれの集会において読み上げ、さらにコピーを取らす目的で、それを被告モンペリに手渡したかどによる。なおドストエフスキーは、被告スペシネフ宅において行われた、陸軍中尉グリゴーリエフの煽動的作品「兵士の対話」の朗読会に出席した事実もゆるがせにできない。よって軍法会議委員会は被告退職工兵中尉ドストエフスキーに対して、宗教と主権に悖《もと》る文学者ベリンスキーの書簡、及び陸軍中尉グリゴーリエフの奸計をめぐらす作品を、無断で流布せしめたかどにより、軍事法典第一巻第五章百四十二条、百四十四条、百六十九条、百七十八条に基づき、官位並びに財産私有権を剝奪し、銃殺刑を科す。〉

（前掲書一一一頁）

### 国家の力に心底、怯える

もっとも当初から、この死刑判決は、直前に減刑されるシナリオになっていた。革命家たちは主義に殉じる覚悟をもっている。このような革命家を次々と処刑しても、殉教者に対する尊敬が深まりかねない。国家としては、「あれだけ威勢がよかった革命家も、こんなに温和《おとな》しくなる」という転向を可視化させなくてはならない。そのために、一旦、死刑を言い渡した者に恩赦を与えることで、国家は人を殺すだけでなく、生かす力もあるのだということを皮膚感覚で政治犯に叩き込む。このような体験をした人は、その後、一生、国家を恐れることになるという現実を、皇帝官房第三課はよくわかっていたのである。

この雰囲気が、筆者にもよくわかる。筆者は死刑判決を言い渡された経験はない。筆者の判決は、懲役二年六月（執行猶予四年）であった。しかし、逮捕から判決確定まで七年、執行猶予期間が満了するまでに十一年かかった。この十一年間は、常に事件のことを意識して、細心の注意を払いながら生活していた。もうあのような神経を張りつめた生活は二度としたくないと思う。その思いは、執行猶予期間を満了して、完全に自由な身になってからの方が強くなった。不自由な環境から自由を得た人間は、自由を失うことをとても恐れるようになる。ひとたび死刑にされる危険にさらされた人は、命を失いたくないという思いが、そのような経験を持たない人よりもはるかに強くなるというのが筆者の見立てだ。

ドストエフスキーらの銃殺刑は、一八四九年十二月二十二日に執行されることになった。処刑は二組に分けてペトラシェフスキーらが第一組で、ドストエフスキーらは第二組で執行される予定だった。銃殺刑の直前に恩赦を与えるというシナリオが文書で準備されていた。

〈判決文朗読後、担え銃を命じ、尉官下士官を元の位置に復する。太鼓連打のうちに儀式を進める。貴族は制服を脱がせ、特に懲役受刑者に対しては頭上で剣を折る。

全被告に白装束を着用させる（但しパリム陸軍中尉は軍服のまま、また剣を折らず、白装束も不要）。神父（引用者註＊原文は牧師だがロシア正教に適合する神父に改めた）は祝福を与えて退場する。

柱の位置に被告ペトラシェフスキー、同モンペリ、同グリゴーリエフを連行し、目かくしをする。同被告らを柱に縛ったのち、十五歩の地点に下士官以下十五名ずつ三組の兵を進め、銃に装塡する。他の被告らは警護兵の横に整列させる。

続いて批准書の判決を言い渡す。

判決文伝達ののち、被告らに防寒服を着用させる。ペトラシェフスキーは足枷をつけ、判決文朗読の地点より、指定された憲兵と伝令の護送で出発する。その他の被告は一旦要塞に還し、特別命令に基づいて移送する〉（前掲書一一三頁）

第二組であるドストエフスキーに対しても、似たような対応がなされたのであろう。人生には、忘れたくても、忘れることのできない出来事がある。この出来事について、何度も記憶を反復すると、それがその人にとっての原体験になる。銃殺される直前で命を皇帝の恩赦によって救われたというのが原体験であるという作業仮説に基づいてその後のドストエフスキーの人生を読み解くと、なぜ彼が専政政治、ロシア正教の熱烈な擁護者になったかがわかる。ドストエフスキーは、革命運動に関与して死刑になる覚悟はできていた。それだから、取り調べや裁判でも命乞いをしなかった。しかし、国家が死刑囚に対する恩赦という形で、人間に命を与えることができるという現実を体験した後、ドストエフスキーは死ぬことが心底恐くなってしまったのである。

皇帝は、ロシア国家が人格的に体現された存在だ。正教もロシア国家の公認イデオロギーである。ドストエフスキーは、自らの中に、ロシア国家が定めた基準から逸脱する「何か」があることを感じとっている。この「何か」を封じ込めておかないと、再び国家によって捕らえられ、命を奪われることになると、ドストエフスキーの心も身体も怯えているのである。

## ロシア正教と革命を唆す声

前出の『ソビエト大百科事典』は、〈ドストエフスキーのその後の全創作と全活動は解放運動からの彼の後退とむすびついている。ドストエフスキーは革命的民主主義者にたいしてその反動的な「大地主義」の綱領を対置させている。人民を国民生活の基礎と認め、インテリゲンツィアの「大地」との、人民との接近の必要性を叫びながら、ドストエフスキーは同時にその理論でスラヴ主義の教義のあとを追い、ロシア人民に固有のものでない「忍従」と宗教性の性格をそれに固有のものとし、その「大地的な」理想として、当時の人民の生活のもっとも歪められた、おくれた面をおしだしている。革命的民主主義者とは異なりドストエフスキーは、ロシアの偉大な未来を革命と社会主義にではなく闘争の放棄とキリスト教的な忍従の観念論的な思想にむすびつけ、それがあたかも貧困と隷従から人民を救うかのように説いた。それにもかかわらず、困難と矛盾にみちた作家のほかならぬ生活行程は、家父長制的生活の崩壊と農奴制から資本主義的発展へのロシアの移行の諸条件のもとに発生した大きな社会的諸問題に彼を当面せしめた。芸術家および思想家としてドストエフスキーは、この発展の激烈な矛盾と、それによって生みだされる社会的な悲劇に眼をとざすことはしなかった。彼は社会の下層にかくされた精神的な力を感じ、まさにその故にこそ『死の家の記録』において人民出身の人々の強力な形象を創造しえたのであって、それらの形象は作家自身の反動的なイデオロギーへの生きた反駁となっている。ロシアの国民的発展の根本的諸問題につねに眼を向け、資本主義的な西欧と比較したうえでのその歴史的行程の独自性について思索しながら、ドストエフスキーはよく、彼が西欧諸国で観察することのできた、資本主義的進歩とブルジョア文化の非人間的な側面の深刻な暴露にまでいたっている。〉（前掲、『ゴーゴリ、ドストエフスキーおよびゴーリキー』四四～四五頁）と記す。

この評価は鋭い。ドストエフスキーの二面性を的確に指摘している。ロシア正教を前面に押し出し、保守陣営に属することを強調しても、その枠組みに収まらない「社会の下層にかくされた精神的な力」すなわち革命を引き起こす力に彼は惹きつけられていたのである。それだから、ドストエフスキーのテキストの行間から、革命を唆《そそのか》す声が聞こえるのだ。

### 「すべては許されている」という思想

〈ドストエフスキーの最後の長篇『カラマーゾフの兄弟』（一八七九―一八八〇年）には、貴族の家庭カラマーゾフ家の退化の歴史と、人民からはなれたインテリゲンツィアの思想的混迷がえがかれている。下男スメルジャコフのうちにドストエフスキーは、ブルジョア的諸関係が支配する世界でのもっとも完全な精神的・肉体的退化のいまわしい諸特徴を明確にえがきだした。スメルジャコフは自分のシニカルな意識のうちにイヴァン・カラマーゾフの利己主義的な「哲学」を反映して、「賢い人間」にはすべてが許されているという確信に到達する。イヴァンの形象において作家はふたたび、あたかも唯物論と無神論が個性からあらゆる道徳的な支えをうばい、個性を精神的破綻と犯罪にみちびくかのごとき、超反動的な思想を表現しようとつとめた。しかし実際にはイヴァン・カラマーゾフは、ラスコーリニコフと同じく、個人主義的な、無政府主義的な理解のせまい環の外へはでていない。ドストエフスキー自身の理想の担い手であるのは、修道院で育てられたカラマーゾフの末弟――アリョーシャと、彼の精神的な指導者であり、

社会における正教教会の支配的役割について夢想しているゾシマ「長老」である。〉（前掲書四八〜四九頁）

しかし、ゾシマは聖人ではない。ロシア正教の伝承では、聖人は死後、腐らずにミイラになる。しかし、死後、ゾシマからはひどい腐敗臭が漂う。イワンの、神を信じない「賢い人間」には「すべては許されている」という思想は、ドストエフスキーの内面世界の一部を表現している。ドストエフスキーの内面において、革命的な無神論者であるイワンと正教へ全面的に帰依するアリョーシャの二人が、特段の矛盾を感じないまま並存しているのである。

イワンの思想を体現したのがカラマーゾフ家の使用人スメルジャコフだ。スメルジャコフは、「すべては許されている」という思想に基づいて、イワン、アリョーシャらの父で（スメルジャコフの父である可能性も示唆されている）、人格破綻者のフョードル・カラマーゾフを殺害し、カネを奪った。殺人を犯した事実を告白したスメルジャコフとイワンの間でこんなやりとりがなされた。

〈「以前には、これぐらいの金をもってモスクワか、もっと言えば、どこか外国で生活がはじめられたら、などと思ったこともございます。そんな夢を抱いておりました。それもこれも、《すべては許されている》と考えたからです。（中略）これはあなたが本気で教えてくださったことですよ。ですから、ぼくもそんなふうな考えにたどり着いたんです」

「自分の頭でたどり着いたんだろう？」イワンがにやりと顔をゆがめた。

「あなたの導きによってです」〉

（ドストエフスキー〔亀山郁夫訳〕『カラマーゾフの兄弟４』

光文社古典新訳文庫、二〇〇七年、三四四頁）

ドストエフスキーは心の中で「すべては許されている」と叫んでいる。しかし、それを吐露すると、今度は修羅場から生きて帰ることができないと確信していた。それだから、文学作品の中で、著者の思想の敵対者という偽装をしながら、「すべては許される」という革命思想をイワンやスメルジャコフに語らせたのだ。

3章のことば

「すべては許されている」

（スメルジャコフ）

■解説

作家は危険な思想について語るとき、あたかもそれが自分に敵対する思想であるかのごとき偽装をすることがある。

# II

# 反面教師たちの失敗学

# 4章　破壊的影響力の秘密

## アドルフ・ヒトラー

### 基本思想は「食うか、食われるか」

「修羅場の作法」は、中立的な概念だ。この作法を用いて、人生の危機を克服し、自らと周囲の人々に幸せをもたらすこともできる。逆にこの技法を自らの野心のために用いて、社会にたいへんな災厄をもたらし、自らも破滅してしまう場合もある。本章は、後者の実例として、アドルフ・ヒトラー（一八八九～一九四五年）を取り上げる。

ここで重要なのは、政治家としてよりも、思想家としてのヒトラーだ。「ヒトラーにまともな思想があるのか」という質問がなされるであろうが、この問いに対して筆者は、「まともかどうかわからないが、思想はある」と答える。思想には知的に優れたものと、そうでないものがある。また、影響力がある思想と無力なものがある。現実政治の世界では、知的には箸にも棒にもかからない粗雑な内容であっても、強い影響力を持つ思想がある。イタリアのファシズムが知的に洗練されていたのに対し、ヒトラーのナチズムは、実に粗雑だ。粗雑な思想であるが故に、第一次世界大戦の敗北で、価値観の基準を失い、経済的に疲弊し、名誉と尊厳を失ったと考えるドイツ人の魂をつかむことに成功したのだ。

ヒトラーの本音を知るのに、ナチズムの聖書と言われた『わが闘争』は、あまり役に立たない。公表を予定された著作なので、ここではヒトラーの邪悪な意図が、直截な言葉では述べられていないからだ。これに対し、ヒトラーが昼食、夕食、さらに深夜にその日の総括について語ったときの速記録が残っている。そこから、ヒトラーの思想が浮かび上がってくる。

ヒトラーの修羅場の体験は、ネズミと結びついている。ヒトラーはネズミが嫌いだ。その理由について、一九四一年十月三十日の昼にこう述べている。

〈人間が蛇やコウモリやミミズに抱く嫌悪感はおそらく祖先の記憶に基づいているのだろう。この種の生物が怪物のサイズだった時、有史以前の人類は随分脅かされたのであろう。

私は前線にいた時にネズミが嫌いになった。傷ついて防御線の間に置き去りにされた者は、生きながらおぞましい獣に食われてしまうのである。〉

（アドルフ・ヒトラー［吉田八岑監訳］『ヒトラーのテーブル・トーク　1941－1944（上）』
三交社、一九九四年、一五九頁）

戦場で負傷兵がネズミに食われている姿がヒトラーの脳裏に焼き付き、そこから、人類が蛇、コウモリ、ミミズに脅かされた太古の記憶へと、ヒトラーの思考は飛躍するのである。「食うか、食われるか」がヒトラーの基本思想だ。こういう思想は帝国主義的な外交政策と親和的だ。

## 実に質が悪い召命感

ヒトラーは、政治は好きでなく、自らは芸術家に向いていると考えている。一九四二年一月二十五－二十六日夜にこんなことを述べた。

〈政治に身を投じるのは私の本来の好みではない。しかし私が政治に求めているのは目標達成の手段である。目下、私が忙しくやっている活動をやめたら、私が気落ちするのではないかと思っている者もいるが、それは大間違いだ。政治とそれに伴う悲しみや労苦を離れる時こそ、我が最良の日となるだろう。戦争が終わり、なすべきことをなし終えたと感じたら、引退するつもりだ。それから五年か十年かけて我が思想を明確にし、本に著わそう。戦争は忘れ去られる。偉大な才能の作品だけが生き残るのである。私が芸術を愛するのはこのためなのだ。音楽と建築――こうした修練の中にこそ人間の向上の足跡が刻み込まれているのではないか？ ワグナーを聞くと、過ぎ去った世界の音楽を聴いているような気がする。「ラインの黄金」の波長と世界の秩序の間にひそかな相互関係があることを、いつか科学が解明するのではないかと楽しみにしているのだ。感覚で得られた世界観察は、精密科学や哲学による知識の前を行くのである。そういった知識は意識的に知覚できる範囲でしか役に立たないのである。

宇宙はあらゆる意味において無限であるという考え方は、分かりやすく説明した方がいい。それは無限に大きく、また無限に小さいという意味で無限なのである。実証主義の時代の始めに、宇宙の大きさを機械で測れる範囲に限定したのがそもそもの間違いだった。計測方法が進歩したにもかかわらず、今日でも同じように考えがちである。それはミクロ的にもマクロ的にもいえることである。顕微鏡で見ると微生物も巨大に見える。この点でも限度はないのである。

私が身を投じてきた仕事を誰か他の人がやってくれていたら、私は決して政治の世界には足を踏み入れなかっただろう。私は芸術か哲学の道を選んでいたにちがいない。ドイツ民族の存続に関する懸念があったればこそ、私はこの活動を始めたのだ。生活条件が整えられて初めて文化も花開くというものではないか。〉（前掲書三五六～三五七頁）

「私には権力欲がない。なりたくて政治家になったわけではない。他にまともな政治をやる人がいないから、日本の生き残りのために私が政治に関与せざるを得なくなった」というような話をする永田町の政治家（国会議員）はよくいる。大多数は、自らの謙虚さを示すレトリック（修辞）として、このような話をしているので無害だが、本気でこういうことを信じている政治家がいるならば、その人にはヒトラーと同じ素質がある。政治とは、権力闘争であるが、同時に折り合いをつけるゲームである。絶対に正しいと信じて権力闘争を行う政治家には歩留まりがなくなる。また、権力欲がなく、もともと政治に関与するつもりはなかったと考える政治家は、裏返して言うならば、「現在自分が政治家であるのは人知を超えた天命である」という認識を持っていることになる。この種の召命感ほど質《たち》が悪いものはない。

さらに危険なのは、ヒトラーが政治の目的を「ドイツ民族の存続」という究極的原理と結びつけてしまったことだ。こういう原理を政治に直接持ち込むと「生き残るためには何をしてもよい」という結論が簡単に導き出されてしまう。

## 民族が生き残るために食糧を確保する

ところで、ヒトラーは『わが闘争』に続いて、外交政策に関する著作を準備していた。そのための口述草稿を一九四五年五月、米軍が入手した。草稿には書名も口述年月日も記されていない。草稿の内容から推定すると口述の時期は、一九二八年夏と考えられる。ここで、ヒトラーは「生き残りの思想」について、端的に述べている。

〈民族の生存闘争を決定するのは、何よりもまず次に述べる事実である。生存に必要なあらゆるものの頂きにたつのは、まず第一に日々の糧であるパンを求めての闘争である。これはその民族の持つ文化的意義がいかに高いものであろうとも、それには関係なしにいつでもあてはまる話である。確かに天才的な民族指導者が偉大な目標を示して、民族の眼を物質的なものからそむけさせ、超越した精神的理想のためにその身を捧げさせることは可能である。そもそも物質的関心とは、理想的な精神的観点がどれくらいぼやけてしまっているかに応じて増えていくものだからである。精神生活面でプリミティヴであればあるほど人間は動物的になるもので、あげくの果ては食物摂取を人生唯一の目的とみなすようになる。確かに民族は、苦しさを負担できるだけの理想という代償がある限りにおいて、物質的なものには決められた範囲内の制約があるという事実に大変うまく耐えていけるのかもしれない。しかしながらこの理想とて、それが民族の破滅をひきおこさずにすんだとき初めて、物質的なものである食糧を犠牲にするような片寄った存在ではないと呼べるのであり、またそうして初めて民族体の健康をおびやかす存在ではないのだと思えるのである。というのは飢えた民族というものは、食糧不足の結果として肉体的に崩壊するか、さもなくばその状態を変えてしまうか、どちらか一つの道をたどるものだからである。しかし肉体的崩壊は遅かれ早かれ精神的崩壊を伴うものである。そしてその後にあらゆる理想が断念される。したがって理想といえども、民族の内的、普遍的な力を強める効果を挙げ、結局のところ生存闘争を行ううえであらためて役に立ってこそ、健全かつ正しいものといえるのである。こういう目的にそぐわぬ理想など、いくら外見上見映えがするものであっても、その外見にもかかわらず結局は災いとなるのである。何しろそういった理想は、生存していくという現実から、ひたすら民族を離れさせてしまうものであるからだ。〉

（アドルフ・ヒトラー〔平野一郎訳〕『続・わが闘争——生存圏と領土問題』）

角川文庫、二〇〇四年、三三二〜三三四頁）

ヒトラー自身、青年時代、画家を志望しているときに、日常的に飢えを経験している。それだから、「精神生活面でプリミティヴであればあるほど人間は動物的になるもので、あげくの果ては食物摂取を人生唯一の目的とみなすようになる」という認識は、ヒトラーの実体験に裏付けられている。ヒトラーは、理念型として、食物摂取を唯一の目的としている人間だけが存在する社会を考えている。それが、第一次世界大戦中の塹壕《ざんごう》で、負傷兵の肉を食っていたネズミの記憶と重なるのである。ヒトラーの時代にすでに化学肥料が開発され、実用段階に入っていた。しかしヒトラーは、食糧増産を土壌の改善ではなく、領土拡大に求めていく。

ヒトラーは、〈だがある民族が生存していくのに必要とするパンは、その民族が自由に使うことができる生存圏の大きさによって決められてしまう。少なくとも健全なる民族たるものは、必要なものは、自らが所有する自らの土地で調達しようとたえず試みるものだ。これ以外の方法などは、いくらそれで民族の食糧が何世紀にわたって確保されるとしても、不健全でまた危険である。国際貿易、国際経済、他国との交易その他もろもろのものは全て、所《しょ》詮《せん》民族の食糧調達のための暫定的手段である。これらの手段は、ある面では予測不可能な要因に、またある面ではその民族の力のおよぶ範囲外にある要因に左右される。民族が生存していくための最も確実な土台は、とにかくいつの時代でも、自ら所有する土地なのである。〉（前掲書三四～三五頁）と強調する。ヒトラーは、自由貿易を信用していない。それだから、「少なくとも健全なる民族たるものは、必要なものは、自らが所有する自らの土地で調達しようとたえず試みるものだ」という思想に固執する。

ヒトラーにとって、民族の生き残りとは、文化的価値や伝統を守るというような抽象的概念ではなく、文字通り、ドイツ人が生物として生き残るために食糧を確保するということである。従って、外交の主要な課題も食糧の獲得になる。ヒトラーは、この文脈で政治を以下のように定義する。

**生き残るためには何をしてもいい**

〈政治改革の課題が民族の生存闘争を実行することだとするならば、民族の生存闘争とは、結局のところその時々の人口に合わせて、その食糧を調達するのに必要なだけの場所を確保することになる。だがしかし、その過程全体が民族の力を投入するうえでの問題となるわけだ。したがって最終的には次のように定義することができる。

政治とは、ある民族がこの現世での存続を求めて行う生存闘争を実行していくうえでの技術である。

外交政策とは、その民族にその時々に必要なだけの生存圏を、大きさと質の両面から確保するうえでの技術である。

国内政治とは、かかる生存圏確保のために必要な、投入可能な力を、その人種面での価値および数量の両面から、民族に備えさせるうえでの技術である。〉（前掲書五三頁）

ヒトラーの「政治とは、ある民族がこの現世での存続を求めて行う生存闘争を実行していくうえでの技術である」という定義で重要なのは以下の三点だ。

第一は、政治を「民族の現世での存続」、すなわち、徹底的に世俗的性質の事柄であると規定していることだ。自由、平等、正義などの、現実のこの世界では実現しないが、しかし人間として追求した方がよいと考えられる超越的価値をヒトラーは政治の世界から追放した。

第二は、政治を「生存闘争」と規定していることである。ここから、生き残るためには、何をしてもいいという結論が容易に導き出される。

第三は、政治を「技術」と規定していることだ。当初の政治的目的が、ユダヤ人の絶滅のようなことに設定されると、後は技術的にその目的を達成することができるように絶滅収容所を建設し、ユダヤ人輸送の列車運行計画を立てるという連鎖になる。政治の邪悪な目的が、価値中立的な技術に解消されてしまう。

個別の政治闘争に関して、ヒトラーは優れた洞察力と決断力を発揮した。そのヒトラーが、なぜ独ソ不可侵条約を侵犯してソ連と戦争を始め、英国との二正面戦争という不利な状況に自らを追い込んでいったのだろうか。政治を技術と考えるならば、このような無謀な賭けをヒトラーはしなかったはずだ。だがヒトラーには独自のソ連観があり、スターリンを倒すことが、ドイツ民族が生き残るためには不可欠の条件と考えたのである。一九四二年八月二十八日昼にヒトラーはこんなことを述べている。

〈ロシア人の抵抗力は、日露戦争でも分かるように、無類のものである。その上に新しく身につけた特質がある。スターリンに何か起これば、このアジアの大国は崩壊する。かく形成され、かく滅びるのだ。

ドイツの歴史上、帝国はハプスブルク家の下、トルコ人と非常に苦しい戦争をした。ほぼ三百年続き、ロシアの介入がなければトルコ人はヨーロッパから弾き出されていたにちがいない。オイゲン公［一六六三―一七三六年。サヴォイ・カリニャン伯の末子、オーストリア軍人」の栄光の時である。

ここに学ばねばならない教訓がある。今ここで東部地域を完膚《かんぷ》なきまでに征服しておかないと、後の世代も次々と多かれ少なかれ戦争をしなければならなくなるのだ。愚鈍な種族もよい指導者を得れば何がしかのことを成し遂げる。チンギス・ハーンの天才的組織力は特筆すべきものだった。

文化が大きな影響力を持ったのはローマ帝国とアラブの支配下にあったスペインだけである。このスペインの文明の水準は見事なものだ。偉大な科学者、思想家、天文学者、数学者が世界中から集まり、人道的な寛容の気風と騎士道精神の中で、ともに花開いたのである。そこへキリスト教の到来とともに、野蛮人がやって来たのだ。カスティーリャ人の騎士道精神はアラブ人から受け継いだものである。ポアティエの戦い［七三二年］でカール・マルテル［フランク王国の宮宰（七一四―四一年）］が勝利しなければ——この時すでに世界はユダヤ人の手中にあったのだ、キリスト教の腰抜けめ！——我々は皆イスラム教に改宗していたことだろう。イスラム教は英雄を賛美し、第七の天国は勇敢な戦士だけのものなのだ。そうすればゲルマン種族が世界を征服していたにちがいない。それができなかったのは、ひとえにキリスト教が邪魔をしたからである。〉

（アドルフ・ヒトラー［吉田八岑監訳］『ヒトラーのテーブル・トーク 1941―1944（下）』
三交社、一九九四年、三八〇～三八一頁）

ヒトラーは、スターリンによって指導されるソ連の本質が、専政帝国であることを見抜いていた。従来の帝政では、皇帝が倒れれば、皇太子が即位する。従って、専政帝国のシステム自体が崩壊することはない。しかし、ソ連帝国のスターリンは、皇帝ではなく、共産党書記長だ。また、ソ連はスターリンに対する個人崇拝によって成立している。従って、スターリンが倒れれば、誰かが後継の書記長に就任するであろうが、スターリンと同質のカリスマ性を維持することはできない。それだから、スターリンを倒すことによって、東方のスラブ世界をドイツ民族が半永久的に食糧を確保するための植民地にできる機会は今しかないとヒトラーは判断したのである。この賭けに敗れたために、ドイツ第三帝国は壊滅し、ヒトラーも自殺することになった。

## 知的水準が極めて低かった

ヒトラーにとって、ドイツ民族の生存に最大の障害となるのがキリスト教だ。ヒトラーは、イエスについてこう語る。

〈イエスがユダヤ人でなかったのは確かである。ユダヤ人は同胞をローマの法廷に渡したりせず、自分たちで裁こうとしただろう。ほとんどがゴール人だったローマ軍団の子孫がガリラヤに大勢住んでいたというのは極めてありそうな話である。イエスはたぶんその一人だったのだろう。彼の母親がユダヤ人だった可能性はある。

イエスは当時の物質主義と戦った、すなわちユダヤ人と戦ったということだ。

タルソスのパウロは当初はキリスト教徒の最大の敵だったが、大きな吸引力を持つこの理念は大変な利用価値があると突然気がついたのである。ユダヤ人に現実的な利益を約束するより、非ユダヤ人にこの思想を巧みに売り込むことではるかに大きな力を得ることができると悟ったのだ。この時から、後に聖パウロと呼ばれる男が悪魔のような狡猾さでキリストの教えを歪めていったのである。キリストの教えは本来、偶像礼拝とユダヤ人の自己中心主義や物質主義に対する宣戦布告だった。この教えからパウロは新しい主張を編み出したが、それはエリートや主人や権威ある支配階級に対して、あらゆる種類の奴隷を糾合して反抗させるものだった。タルソスのパウロが編み出した宗教は後にキリスト教と呼ばれるようになったが、今日の共産主義と何ら変わるところがな

い。〉

（前掲書四四四〜四四五頁）

ヒトラーは、中途半端な聖書神学の知識を持っている。十九世紀以降の史的イエス研究の結果、イエスが唱えた教えをキリスト教という宗教に編成したのはパウロであることが明らかになった。イエスは自らをユダヤ教徒と考えていた。キリスト教の教祖はイエス・キリストであるが、キリスト教団（教会）の開祖はパウロなのである。聖書神学者の一部にある反パウロ主義をヒトラーはナチズムに巧みに取り入れたのだ。もっともヒトラーのユダヤ教やキリスト教に関する知識は貧弱だ。ヒトラーは、イエスの母親がユダヤ人だった可能性があると述べるが、ユダヤ人の自己理解では、母親がユダヤ人だとその子どもは自動的にユダヤ人になる。ヒトラーには、このようなユダヤ人に関する知識の基本が欠けている。

修羅場の中では、知的水準が極めて低い思想でも大きな力を持つことがあるという実例をヒトラーが示した。

## 4章のことば

「政治とは、ある民族がこの現世での存続を求めて行う生存闘争を実行していくうえでの技術である」

（アドルフ・ヒトラー）

■解説

生き残るためには何をやっても許されてしまう。このような究極的概念を、政治の世界に直接持ち込むと、人類が破滅してしまう危険が生じかねない。

# 5章　悪知恵にだまされるな　オットー・ケルロイター

## 革命的要素を強調した岩田弘のナチス論

政治家自身の知識の水準、知的構想力がそれほど高くなくても、権力さえ握っていれば、後知恵で理屈をつけてくれる有識者が現れてくる。アドルフ・ヒトラーが権力を奪取した一九三〇年代初頭には、哲学者のマルティン・ハイデガー、プロテスタント神学者のフリードリヒ・ゴーガルテン、政治・公法学者のカール・シュミットなどがナチスに近寄ってきた。

本章で取り上げるオットー・ケルロイター（一八八三〜一九七二年）は、カール・シュミットほど有名ではないが、ワイマール憲法を改正せずに、実質的なナチス憲法を成立させるという悪知恵を出した、ナチス体制の立役者の一人だ。

もっともケルロイターを含むこれらの有識者は、ヒトラー政権が暴力性を強め、第二次世界大戦に踏み切った一九三九年以降は、ナチスと距離を置くようになった。ケルロイターは、一九三八～三九年、ドイツからの客員教授として、東京帝国大学法学部で教鞭をとった。それだから当時、日本の有識者にもケルロイター・ファンが少なからずいた。

ケルロイターについて語る前に、ナチス時代の「悪魔祓い」をしておく必要がある。第二次世界大戦後、ナチズムは悪の代名詞となっている。ナチス・ドイツによるユダヤ人やロマなどの「劣等人種」の組織的な虐殺、占領地域での非人道的行為などを知っているわれわれにとって、ナチスは絶対悪である。ナチス・ドイツから学ぶべき事柄は「二度とあのようなことを繰り返してはならない」ということだけだ。もっともナチスの事例を繰り返さないようにするためには、当時、なぜ少なからぬドイツ人がナチズムを熱狂的に支持し、ヒトラーを崇拝したかについて、追体験しなければならない。

マルクス経済学者の岩田弘（一九二九～二〇一二年、元立正大学教授）は、宇野弘蔵門下でありながら、「原理論」「段階論」「現状分析」に区分して経済分析を行う「宇野三段階論」の方法を取らず、独自の世界資本主義論を展開した。宇野が、一九一七年のロシア革命を社会主義革命と見たのに対し、岩田は、革命は直後に頓挫《とんざ》し、ソ連は国家資本主義体制であると考えた。

一九三〇年代に関する岩田の分析は秀逸である。ナチスについて、岩田は、革命的要素を強調する。岩田は、資本主義国家の特徴が行政府の優位性にあると考える。

〈いうまでもないことであるが、ブルジョア国家権力の実体をなすのは官僚と軍部に担われた行政機関――行政権力――であって、議会は政策取引所にすぎず、また議会の多数派からなる内閣は政策委員会にすぎない。〉

（岩田弘「一九三〇年代の政治と経済――その特殊歴史性と現代世界」『経済学批判　5』社会評論社、一九七九年、一二三頁）

ただし、ヒトラーのドイツ、スターリンのソ連において、立法権力は形骸化されて、官僚と軍部（ドイツの親衛隊、ソ連の秘密警察を含む）が実質的な権力を掌握していた。岩田は、ナチス・ドイツが、欧米民主主義国家やソ連以上に、国民を惹きつけたことに注目する。

〈そこで問題は、「民族社会主義ドイツ労働者党」と自称し、オーストリー出身の一プロレタリア兵士、ヒットラーをカリスマ的指導者とするナチス党の性格であるが、このばあい注意すべきはその二重性であろう。

一方ではそれは、旧ドイツの帝国主義的国家権力と帝国主義的ナショナリズムの伝統的担い手であった軍部とむすんで権力を掌握しドイツ民族の帝国主義的統合をめざす極右反動の党であった。だが、他方ではそれは、「秩序か混乱か」の二者択一攻撃によって恐慌のすべての犠牲を労働者人民大衆の肩に強権的に転嫁する軍部・支配階級やかれらと同盟したワイマール諸政党に対する労働者人民大衆の憤激を街頭での反乱的な大衆行動へと組織し、また失業に怒った青年労働者を突撃隊や親衛隊等々の行動部隊へと大規模に組織する大衆運動と大衆直接行動の党、いわゆる大衆的運動体としての党であった。そして三一年から三二年にかけてナチス党が一挙に大衆結集に成功し勢力を拡大したのは、もちろん後者の側面によるものであった。いまや秩序の恫喝や投票箱が有効であった時代は急速にさりつつあったのであり、一般労働者人民大衆にとってはナチス党が直接行動の革命党として急速に台頭しつつあったのである。〉（前掲書二一四～二一五頁）

当初、ドイツの政治エリート（主に官僚）と軍幹部は、直接行動に訴え、街頭で挑発活動を繰り返すナチスを危険な存在と認識し、ナチスの違法行為を規制しようと努力した。それだから一九三二年四月十三日にブリューニング内閣（中央党、人民党、国家党などの保守政権）は、ナチスの突撃隊（ＳＡ）と親衛隊（ＳＳ）を、一度は解散させた。

しかし、多党乱立で議会が混乱し、内閣も頻繁に交代するようになり、国民は既成の政治勢力に対する不信を強めた。そして権力に参加できないナチスが国民のエネルギーを吸収することに成功した。そこで、政治エリートと軍幹部は、ナチスを閣内に入れて、政権の安定を確保しようと試みた。裏返して言うならば、高等教育を受けておらず、第一次世界大戦で下士官として従軍した軍歴しかないヒトラーが、国家権力を奪取する現実的可能性などありえないと政治エリートと軍幹部が考えていたので、このような懐柔策をとったのだ。その結果がどうなったかは、以下の岩田の指摘通りである。

## 常に敵を探し続ける

〈こうしてついに三三年一月三〇日、ドイツの経済的崩壊のまっただなかで、ヒットラーを首相とするナチス党、国民党、軍部・官僚代表者の連合内閣が成立したわけであるが、しかしこれは、たんに激動の第二幕、第二段階の開幕を告げる合図でしかなかった。

軍部・支配階級にとって不幸なことには、ナチス党は、労働組合の利益代表政党にすぎぬ社会民主党とはちがって、一般労働者人民大衆にとっては、またそれ以上にナチス党に大挙して参加しその戦闘的行動部隊となった青年労働者大衆にとっては、現存秩序粉砕の革命的行動の党でなければならなかった。いいかえれば、ナチス党にとっては、社会民主党やその他のワイマール諸政党の代役となって軍部・支配階級の行政執行権力独裁――現存秩序維持のための保守的独裁――の政治的補足物になることは、党の分裂と瓦解なしには不可能であった。つまり、政権の座についたナチス党は、現状破壊の大芝居をもっとも劇的かつダイナミックな方法でくりかえし電撃的に演出する以外にはもはや党としては存在しえなかったのであって、このようにして軍部・支配階級の計算をのりこえてはじまったのが、突撃隊や親衛隊を大衆的行動隊とする「民族社会主義労働者革命」にほかならない。そしてこの擬制の労働者革命のまえに、共産党や社会民主党やその他のワイマール諸政党が痲痺無力化し壊滅したばかりでなく、かれらを政権の座につけた軍部・支配階級もまた痲痺無力化し、恐怖におののいて、「ハイル・ヒットラー」を絶叫する以外になくなったわけである。

それゆえ、三三年一月のヒットラー内閣の成立の結果として出現したものは、もはや軍部・支配階級の行政執行権力独裁――かれらの伝統的な国家機関の独裁――ではなく、大衆的運動体としてのナチス党の独裁であり、かれらの「民族社会主義労働者革命」の独裁であった。そしてこうしたナチス革命の独裁は、ヨーロッパ近代史のうえでは一七八九年から一八一五年にかけてのフランス大革命とだけ比較しうるような異常なエネルギーとダイナミズムを発揮したのであって、明らかにこれは、現状打開を熱望する労働者人民大衆の反乱的・革命的エネルギーからのみ説明しうるものであった。あるいは、ナチス党は、こうした労働者人民大衆のエネルギーを大衆的運動体としての党に結集し凝縮するところになりたっていたために、たえず現状破壊の革命劇を内と外とに向って演出しなければならず、こうして擬制革命劇の自転車操業体制へと追いこまれた、といってもよいであろう。〉（前掲書二一五～二一六頁）

「擬制革命劇の自転車操業体制」という規定はナチズムの本質を衝《つ》いている。ナチズムが生き残るためには、常に敵をどこかに探し出し、永続革命を行わなくてはならなかったのである。

## 反ユダヤ主義と結びつく論理的回路

この永続革命が、反ユダヤ主義と結びつく論理的回路について、岩田はこう説明する。

〈内にむかっての革命劇は、ナチス革命に結集したドイツの労働者人民大衆にとっては、当然に反資本主義的・反ブルジョア的なものでなければならず、このために、中世以来のヨーロッパ庶民のイメージにしたがって、ユダヤ人が資本家の身替りにたたなければならなかったわけである。かれらに対する大衆的テロリズムの運動は、明らかに、演出された国内階級戦争であった。また外に向っての革命劇のためには、ドイツ民族がすべてを収奪された、そしてそれゆえに全世界を獲得すべき選民的なプロレタリア民族であるというストーリがつくりだされ、ヴェルサイユ体制をはじめとするヨーロッパの全ブルジョア秩序に対して、革命戦争が演出されなければならなかったのであって、内と外にむかってのこうした革命劇の自転車操業過程の結果が、ふたたびまたヨーロッパ戦争としてはじまった第二次世界大戦であったことは、周知のとおりであろう。〉

（前掲書二一六頁）

革命は、既存の法秩序を破壊する。ナチスの「擬制革命劇の自転車操業体制」は、ワイマール憲法の規定と矛盾を来す。しかし、ヒトラーはワイマール憲法の改正もしくは、同憲法を廃止し、あらたなナチス憲法を採択するという選択を行わなかった。憲法改正のような政治的コストをかけずに、実質的にナチス憲法を成立させることができるという知恵を憲法学者のオットー・ケルロイターが出したからだ。

ケルロイターは、『ナチス・ドイツ憲法論』において、英米法のような目に見えない憲法が指導者（総統）に体現されているので、指導者国家の法律や命令は必ずしも憲法の縛りを受けないと主張する。

〈既にイギリスの国家生活に於ては、当時過激な個人主義は存しなかつたので、憲法構成といふことには何等の価値も認められなかつた。憲法は、イギリスでは政治的発展の経過の中で有機的に生れたもので、その故に又、今日に至る迄成文憲法即ち憲法典といふ形をとつてはゐないのである。併し同時にイギリス法も、既に早くから憲法規定は之を持つてゐたのであつて、例へば個人自由権の保障を包含してゐた一六八九年の権利章典《ビル・オブ・ライツ》の如き、或はそれによつて共同立法者としての上院の地位が非常に低められたところの、一九一一年の議院法《パーラメント・アクト》の如きがそれである。〉

（オットー・ケルロイター［矢部貞治／田川博三訳］『ナチス・ドイツ憲法論』岩波書店、一九三九年、二六～二七頁）

要するに、英国的な「見えない憲法」がドイツにもあるとケルロイターは主張するのである。しかし、それは英国における中世のリアリズム（実念論）と結びついた、「目に見えないが人間が絶対に尊重しなくてはならない神によって定められた掟がある」という発想ではなく、ドイツ指導者国家共同体の理念、具体的にはアドルフ・ヒトラーの人格に体現されていると考える。

ちなみにケルロイターは、日本にもドイツの国家共同体の理念が馴染《なじ》むのではないかという認識を示している。『ナチス・ドイツ憲法論』の「日本訳への著者の序」でケルロイターはこう述べる。

〈余自身もこの度日本に於て、偉大な日本国民の政治的及び憲法的諸制度を、研究し得る機会が与へられたことを、特に喜ぶものである。

これらの諸制度が、幾多根本的な差異を有するにも拘らず、そこには、次の様な重要なる共通性も見られるのである。即ち、両民族は共に、共同体の思想をその政治的存立の根基となし、両者の民族生活及び国家生活の構成に於ける様々の民族的特性は、この根本思想より生れ出たるものであり、両民族の指導は、その故に、自己民族のみならず、世界の建設と平和に、役立つであらうといふことである。〉（前掲書一頁）

スペンサー流の社会進化論に基づいて、優越民族が劣等民族を指導するのは当然であるという帝国主義的世界観をケルロイターは露骨に述べている。

## ドイツの「目に見えない憲法」

それでは、ドイツの「目に見えない憲法」とは、具体的にどのようなものなのであろうか。ケルロイターの見解は次の通りだ。

〈この様な憲法規定は、ドイツ指導者国家の国法的発展の中にも亦見られる。それをナチス国家の基本法と称することを得る。それはその憲法的生活の基礎をなし、且新しい国家建設の大綱をなすものである。今日の発展段階に於ては、この意味に於て次の諸法律を、ドイツ指導者国家の憲法規定と称することが出来る。即ち——

一、一九三三年三月二十四日の国民及び国家の艱難を除去するための法律（所謂授権法）。更に一九三七年一月三十日の国民及び国家の艱難を除去するための法律の有効期間延長のための法律。

二、一九三三年七月十四日の国民投票法。

三、一九三三年十二月一日の党と国家の一体を保障するための法律。

四、一九三四年一月三十日のライヒ新構成法。

五、一九三四年八月一日のドイツ・ライヒの元首に関する法律。

六、一九三五年一月三十日のライヒ代官法。

七、一九三五年一月三十日のドイツ市町村制。

八、一九三五年三月十六日の国防軍構成法。

九、一九三五年九月十五日のニュルンベルク法。即ち国旗法、公民法、ドイツの血とドイツの名誉との保護のための法律（血の保護法）。

一〇、一九三七年一月二十六日のドイツ官吏法。

これらの法律から、如何に民族と結合せる指導の意思により、憲法が民族的及び国家的必要の中から有機的に生成し、そして古い国家組織が排除せられたかを知り得るのである。〉（前掲書二七〜二八頁）

ヒトラーに立法権を付与する全権委任法は、ワイマール憲法の緊急事態規定を悪用したものだ。公民法に至っては、国民を「国籍保持者」と「帝国市民」に区別する。そして、帝国市民には、ドイツ人もしくはドイツ人と同一の血統を持つ国籍保持者のみがなれる。帝国市民のみが選挙権、官吏になる資格を持つ。帝国市民でないユダヤ系ドイツ人などの国籍保持者は、政治的権利を一切持たない。

さらに「血の保護法」でドイツ人とユダヤ人の結婚を禁止し、四人の祖父母のうち三人がユダヤ教共同体に属していると、本人の信仰に関わりなく完全ユダヤ人とする、一九三六年七月三十一日以後にドイツ人とユダヤ人の間に生まれた非嫡出子は完全ユダヤ人とするなどの規定が、普通法として定められた。そして、この完全ユダヤ人と認定された人々は、ナチスの絶滅政策の対象にされたのである。このような規定が、ワイマール憲法に反するのは論を俟《ま》たない。しかし、ワイマール憲法は形式的には、ナチス・ドイツ第三帝国の時代にも存在したのである。

ケルロイターは、ワイマール憲法を成立させた自由主義の国家学と憲法学が完全に意味を失ったという認識を示す。

〈自由主義の国家学及び憲法学が産んだ憲法構成、及びそれから生ずる論争問題の一切は、指導者国家に於ては無意味のものとなつた。けだし、法技術的に見れば、上に掲げた基本的諸法律は、国家指導の他の諸法律と別に区別はない。就中《なかんずく》これらを変更することは、爾余の政府による法律の場合と正しく同一の、単純な形式で可能なのである。その様にして例へば、政治的発展の経過と共に、一九三三年四月七日のライヒ代官法は、一九三五年一月三十日のライヒ代官法によつて代られたのである。

「そして終りに、今や国家的に養成されたわが民族の現実生活を、一つの憲法によつて不断にそして永久に確定し、それを全ドイツ人の不滅の基本法にまで高めることが、将来の課題となるのである」（アドルフ・ヒットラー、一九三七年一月三十日）。こゝで問題となるのは、有機的な憲法発展の形式的完成といふことである。何となれば、成文の規範体系の構成は、指導者国家に於ける憲法の意味なのではなく、民族と結ばれた指導による民族体の政治的及び国法的構成が、その意味であるからである。指導者国家に於ける憲法の構成及び完成の態様と方法に対しては、フューラーによつて確定される、ドイツの民族・及び国家生活の政治的必要だけが、決定力を持ち得るのである。〉

（前掲書二一八〜二一九頁）

ワイマール憲法のような、模範的な人権が規定された憲法を、ナチスの暴力だけで無効にすることはできない。暴力的な政治には、それを正当化する有識者が必ず存在する。いつの時代もケルロイターのような知恵者が現れて、法解釈の名の下で民主主義を内側から破壊していく危険性があることを、常に忘れてはならない。

5章のことば

「基本的諸法律は、国家指導の他の諸法律と別に区別はない」

（オットー・ケルロイター）

■解説

憲法改正手続きが面倒ならば、現行法体系と矛盾しても政治的に都合がいい法律をいくつも通していけば、実質的な改憲が可能になる。

# 6章　〝正義漢〟の勘違い　エドワード・スノーデン

## 正義感に目覚めてしまったスノーデン

本人が十分な自覚をせずにたいへんな修羅場を作り出してしまう人がいる。元CIA職員のエドワード・スノーデン（一九八三年〜）もその一人だ。

二〇一三年六月五日、英国の『ガーディアン』紙が、NSA（米国家安全保障局）が米国の電話会社ベライゾンの通話記録を毎日数百万件収集していると報じた。一般の人々には、CIA（米中央情報局）、FBI（米連邦捜査局）と比較してNSAは馴染みの薄い組織だ。ただし、インテリジェンス専門家にとって、NSAが、盗聴、通信傍受を行う世界最強のシギント（通信、電磁波などの信号を媒介とするインテリジェンス活動。盗聴、通信傍受、コンピューターへのハッキングが主要な手段になる）機関であることは有名だ。また、NSA

は、GCHQ（英政府通信本部）とも緊密な連携をとりながらシギントを行っている。

翌六日、米国の『ワシントン・ポスト』紙が「PRISM（プリズム）」と呼ばれるプログラムを用いてNSAとFBIがインターネット上の個人情報を集めていたことを明らかにした。インテリジェンス業界においては、米国政府がウエビント（ウェブサイトを用いたインテリジェンス活動）を行っていることは公然の秘密で、「プリズム」の存在も以前から報道されていた。それだから、この報道自体は、大きなニュース性を持たなかった。

しかし、この秘密情報をマスメディアに暴露したのがNSAと契約を結ぶブーズ・アレン・ハミルトン社の社員エドワード・スノーデンだということが明らかになり、事態が急展開した。同人は、二〇〇四年から〇八年までCIAの技術職員として勤務していたことがある。しかもスノーデンは、米当局の捜査によって追い詰められたために、情報漏洩《ろうえい》を認めたのではなく、六月九日に自らが告発者であると『ガーディアン』『ワシントン・ポスト』両紙を通じて名乗り出た。『ガーディアン』『ワシントン・ポスト』の報道がなされた後、ワシントンで情報源は米国インテリジェンス機関のどれかの高官であると噂されていたが、〈そうではなく、情報漏洩者は、政府と契約している巨大会社ブーズ・アレン・ハミルトン社の比較的下級の職員だった〉（六月十一日付『インターナショナル・ヘラルド・トリビューン』紙）。

スノーデンが民間会社の下級職員であった理由は、能力が低いからではない。インテリジェンスに非合法活動は不可欠だ。それだから、万一、事故が生じたときに備えて民間会社下級職員のカバー（偽装）で重要な任務に当たらせるのである。同人の〈年収は約二〇万ドル（約一九八〇万円）〉（六月十二日、朝日新聞デジタル）だ。このような高給で処遇していることからも、CIAの中堅幹部相当（日本の外務省ならば課長もしくは局審議官級、一部上場企業なら部長級）の扱いをスノーデンは受けていたと見た方がいい。

さて、重要なのはインテリジェンス業界の掟を熟知しているスノーデンは、FBIに逮捕されれば、厳しい尋問を受け、終身禁錮刑（もしくは一〇〇年を超える長期禁錮刑）で、一生、刑務所から出ることができなくなることはよくわかっていたはずだ。そうなるとこれだけのリスクを冒して、秘密の暴露を行った動機を解明することが重要になる。スノーデンの年収は約二〇万ドルなので、高校中退者の中ではかなりの高給取りだ。黙っていれば今後もこれだけの収入が保証されていた。秘密情報を暴露することでスノーデンが得る経済的利益はない。

スノーデンが中国やロシアのインテリジェンス機関とつながっているという見方もあるが、説得力がない。中国やロシアのインテリジェンス機関が関与しているならば、NSAの機密情報にアクセスできるスノーデンを温存し、協力を続けさせるという合理的選択をするはずだ。もちろん米政府の機密情報を暴露するスノーデンを事後的に、米国の同盟国でない国家のインテリジェンス機関、特にロシアのＦＳＢ（連邦保安庁）とＳＶＲ（対外諜報庁）が最大限に利用していることは間違いない。そのことと、スノーデンが米国に敵対する国のスパイであったという物語は、位相を異にする。

筆者は、スノーデン自身が〈「米政府が世界中の人々のプライバシーやインターネット上の自由、基本的な権利を極秘の調査で侵害することを良心が許さなかった」〉（六月十二日、朝日新聞デジタル）と述べた内容が真実の動機であると考えている。スノーデンは、ＮＳＡのハワイ事務所で秘密データのコピーを取り、上司に病気療養のために三週間の休暇が必要であると申告し、同二十日に香港へ渡航した。そこで一部マスメディアに秘密情報を提供し、米政府との対決姿勢を鮮明にした。

動機との関係で特に注目されるのは、六月十七日、スノーデンが、〈「私を刑務所に入れたり殺したりしても、米政府は（真実を）隠し通せない。真実（の暴露）は止められない」と訴えた。（中略）／スノーデン氏は香港入りした理由を米国では公正な裁判が受けられないためだと説明。「米政府は、私を裏切り者だと断じ、公正な裁判をする可能性をつぶした。

秘密裏の犯罪行為を暴露することが、許されない犯罪だとした。これは正義ではない」と主張した。／「そんな政府に自ら名乗り出るのはばかげている。（米国の）刑務所の外からの方がより多くの善行ができる」とし、「国家の最高機関が監視から逃れることになれば、政府への信用はなくなる」と述べた。／政治亡命と引き換えに中国政府に情報提供したとの見方は全面的に否定した。「中国政府とは接触していない。もし私が中国のスパイなら、どうして北京に直接飛ばなかったのか。今頃は宮廷で不死鳥をなでていただろうに」と語った。〉（六月十八日、朝日新聞デジタル）ことだ。今後生じ得る身の危険をスノーデンが想定した上での遺言と筆者は認識している。

スノーデン事件が発覚した直後、筆者は短期出張で来日した中東某国の元対外インテリジェンス機関幹部と意見交換をした。元幹部は、「スノーデンは思想犯だ。国家や民族が存在しなくても、人類は生きていくことができるという素朴なアナーキズムを信じているハッカーは多い。何かの機会にスノーデンは正義感に目覚めてしまったのだろう。この種の思想犯は手に負えない」と述べたが、筆者も同意見だ。

## インテリジェンス機関と相容れないギークの意識

ちなみに米国だけでなく、英国、イスラエル、ロシアなどのインテリジェンス機関も、ハッカーを重要な戦力にしている。しかし、正規職員として採用するハッカーに関しては、身辺調査で問題がなくても、思想傾向を数年間かけて調査した後に採用するのが通常だ。それは、ハッカーに共通する独自の世界観があるからだ。この点について土屋大洋慶應義塾大学大学院教授が重要な指摘をしている。

〈ギーク（geek）とは、英語で「変人」や「オタク」といった意味である。ニュアンスとしては日本語のオタクよりも悪い印象を与える。しかし、ジョン・カッツ（Jon Katz）が『ギークス』の中で描写したように、コンピュータ・ギークたちはわれわれの社会になくてはならない存在になっており、徐々にポジティブな意味合いを持つようになってきている。官庁でも企業でも学校でも、今日ではコンピュータとネットワークなしでは業務に差し支える。そうしたインフラストラクチャとしてのＩＴ（information technology：情報技術）を支えているのがギークたちである。〉

（土屋大洋『情報による安全保障――ネットワーク時代のインテリジェンス・コミュニティ』慶應義塾大学出版会、二〇〇七年、三頁）

ギークを抜きにシギント活動はできないというのがインテリジェンスの世界における常識だ。しかし、ギークは深刻な問題をインテリジェンス業務に与える潜在的危険性がある。それは思想に絡む問題だ。土屋氏はこう述べる。

〈もっとも、ギークたちは政府や軍、大企業のようなピラミッド型の組織で働くことを嫌っていることも事実である。そうした組織で働く人たちのことをギークたちは、「ガリ勉野郎」を表す単語の「ワンク（wonk）」、あるいはスーツを着ているという意味で「スーツ（suits）」と呼ぶ。

ギークとワンクの間の、一種の文化的対立は深刻である。かつてギークたちは「われわれは王様も大統領も投票も拒否する。われわれが信じるのはラフ・コンセンサスと動くコードだ」とまで言い放った。ワンクたちは、ギークたちの技術力を使わないわけにはいかない。しかし、それは一筋縄ではいかないだろう。安全保障を含めてわれわれの社会システムが技術に依存すればするほど、この文化的対立は深刻になるだろう。〉

（前掲書六頁）

コンピューター言語を自由に操ることができるギークたちには、言語、民族、国家に対する意識が稀薄なのである。第三者的に観察すれば、ギークたちの世界観はアナーキズムに親和的だ。インテリジェンス・オフィサーの職業的良心は、国家のためにすべてを捧げることだ。この観点で、インテリジェンス機関は、アナーキストに対して先天的な忌避反応を持っている。

## 「裏切り者は敵より悪い」というプーチンの信念

六月二十一日までに米司法当局はスノーデンを訴追した。同二十三日、スノーデンは香港を出発し、ロシアを経由して、中南米に向かおうとした。しかし、米政府が同日、スノーデンの旅券（パスポート）を無効にしたため、同人はモスクワのシェレメーチェボ国際空港で、乗り継ぎの飛行機の切符を購入できなくなった。有効な旅券を持たないので、ロシアに入国することもできない。六月二十三日以後、スノーデンはシェレメーチェボ空港の国際線トランジット（通過）地区に滞在している。

もっともトランジット地区には一般利用者とは切り離された政府高官や外国要人のみが利用できる特別室がある。ここはマスメディアを完全に遮断することができる。このような場所にスノーデンは隔離されているのであろう。当然、ＦＳＢの完全な監視下に置かれている。米政府はスノーデンの引き渡しを要求したが、同二十五日、フィンランドのナーンタリで会見したロシアのプーチン大統領は、〈米国との間に犯罪者引き渡し条約がないなどと説明。また、スノーデン容疑者が国境を越えておらず、査証（ビザ）を必要としないことから拘束もしないとの考えを示した。／さらに、「（容疑者を支援しているとの）ロシアに対するいかなる非難も常軌を逸しており、ばかげている」と述べ、米国をけん制した。〉（六月二十六日、ロイター）。

ただし、プーチンはスノーデンにまったく好意を寄せていない。プーチンは、「元インテリジェンス・オフィサーは存在しない」という発言を好む。「インテリジェンス機関に勤務した者は、一生、この世界の掟に従うべきだ」というのがプーチン大統領の信念だ。「裏切り者は敵より悪い」というのがこの世界の掟だ。プーチンが勤務した旧ＫＧＢ（ソ連国家保安委員会）の場合、敵陣営に逃げ込んだ裏切り者に対しては、非公開で行われる欠席裁判にかけられ、死刑が宣告された。

もっとも実際に殺し専門部隊が編成され、裏切り者を消す場合は、ごく一部に限られた（ＫＧＢも役所なので、予算と人員に限りがある。小物にまでかかわっている暇はなかった）。それでも死刑判決を言い渡されたという事実は、逃亡した元インテリジェンス・オフィサーにとって心理的重圧になった。いつＫＧＢの魔の手が迫ってくるかと怯えながら生活することなるからだ。また、このような厳しい対応は、ＫＧＢ現役職員の裏切りに対する抑止要因になった。インテリジェンス機関に勤務した経験のある者は、生涯現役で、国家のために尽くすべきだというのがプーチンの倫理観だ。プーチンはＫＧＢ第一総局（ＳＶＲの前身）の工作員として東ドイツで勤務した経験がある。それだからインテリジェンスの掟の厳しさを皮膚感覚で知っている。

スノーデンはロシア国家に協力したスパイではなく、自ら手を挙げて米国のインテリジェンス機関に勤務しながら、国家に反逆した裏切り者だ。国家主義者であるプーチンは、「米政府が世界中の人々のプライバシーやインターネット上の自由、基本的な権利を極秘の調査で侵害することを良心が許さなかった」というような素朴な正義感を強調するインテリジェンス・オフィサーが存在してはならないと考えているのであろう。

## スノーデンを「ゴミ」と呼ぶプーチンの心象風景

ロシアには、スノーデンの亡命を受け入れるべきだと主張する政治家や有識者が少なからずいる。

〈イリヤ・コストゥノフ国家院議員は、ロシアの特務機関がＣＩＡの職員だった逃亡者エドワード・スノーデンと話し合うべきだと確信している。
「スノーデンは、ロシア連邦の安全保障を著しく強化する情報もしくは資料を持っている可能性がある。それだから、スノーデンとの協議の結果はマスメディアに出してはならない。米国が外国人を追跡調査しているとスノーデンが認めたことで、私にとってもっとも重要なのは、米国人がまずロシアに対してスパイ活動を行っているということで、これは一〇〇パーセント確実だ。特別の声明はここで必要とされない。とりわけ安全保障の問題において、不愉快な想定外の出来事に遭遇しないように保険をかけておかなくてはならない」とコストゥノフは指摘した。

コストゥノフの見解では、ロシアのインテリジェンス機関の代表者は、もしスノーデンが文書や機材を持っているならば、サイバースパイとサイバー兵器に関する米国の詳細な情報と実用可能性について知ることができる。〉

（二〇一三年六月二十三日『イズベスチヤ』電子版）

しかし、このようなスノーデンをロシアの国益のために利用すべきであるという見解にプーチンは与しない。二〇一三年七月一日の記者会見でプーチンは、スノーデンについて〈「ロシアに残りたいのなら条件がひとつある。われわれのパートナーの米国に損害を与えるような活動をやめなければならない」と述べた。〉（七月二日、MSN産経ニュース）。プーチンは、スノーデンに受け入れ不能な条件をあえて提示し、同人にロシアから離れることを促している。六月二十八日、『トルード（労働）』電子版に掲載された記事が、プーチンの心象風景を見事に表現している。

〈米国指導部は、うろたえ、興奮して、中国人がいうところでのメンツを失ってしまっている。大洋越しに、何か呂律の回らない調子で、また脅迫調を押し隠す余裕もなく、エクアドルや中国やロシアに対し、もぐもぐ言っている。どうやら頭のいい米国人たちは、なにやら予測し始めているようだ。

「米当局がスノーデンの確保にまごつき、能力不足を露呈していることによって、繊細な外交関係が綻びかけており、世界におけるアメリカのイメージが損なわれている」とNBCテレビの解説員は指摘する。このチャンネルでコロンビア大学の国際政治学者であるロバート・ジャービス教授は、スノーデンが暴露したスパイ・プログラム（諜報機関による民間人の通信の傍受）自体が、世界の多くの人々に、米国政府は偽善的だと考える根拠を与えており、そこで手配犯の捜索といって、地球全体を音を立てて探し回っても、状況は悪化するばかりである、と指摘している。「このことは、合衆国の強大さの衰退についての印象を決定的に強めることになる」と専門家は結論づける。

ウラジーミル・プーチンの反応が、米国人の自尊心をとりわけ傷つけた。プーチンはすでにスノーデンとアサンジは「人権活動家だ」と明言した。スノーデンたちと戦っている連中は「全員、子豚の体毛を刈っているようなものだ。ブヒブヒたくさん鳴くが、刈り取られる毛は少ない」と述べた。こういう表現で、プーチンは人権侵害（こういうことに米国人は五〇年も懸念を表明している）や人権活動家に対する圧迫という口実でロシアを締め付けてきた米国に対して意趣返しをしているのだ。「アメリカ小屋から外にゴミが出てきたら、家主がすぐに常軌を逸してしまった……」〉

プーチンは、スノーデンを「子豚」とか「ゴミ」と呼んでいる。CIAのスノーデン拘束作戦を、子豚の体毛刈りであると揶揄《やゆ》し、インテリジェンス機関からスノーデンのようなゴミが出てきただけで何でそんなにうろたえるんだと、旧KGB将校の視座に立ってプーチンはこの問題を見ている。

## 禁錮一九九年が人道的という見立て

スノーデンの今後について筆者は前出の中東某国の元対外インテリジェンス機関幹部とこ

んなやりとりをした。
元幹部「米国はスノーデンの裏切りを絶対に許さない。スノーデンは恐らく中南米に亡命するであろうが、少し時間をかけてCIAはスノーデンを拉致し、米国に連れ戻す」
佐藤「それからどうするのだろうか」
元幹部「公開の裁判にかける。そして、国家を裏切った者を徹底的に断罪する。相当、厳しい判決になる。禁錮二〇〇年は覚悟しておいた方がいい」
佐藤「一生、刑務所から出さないということか」
元幹部「そうだ。二〇〇年だと長すぎて非人道的なので一九九年になるかもしれない。いずれにせよスノーデンは一生、刑務所から一歩も出ることはできない」
佐藤「ロシアだったら裁判にかけるなどという面倒なことはしない。自殺か交通事故を装って殺してしまうと思う」
元幹部「佐藤さん、米国は人道主義の国だ。暗殺のような非人道的なことはしない。何事もオープンに行うことを考える。スノーデンは、NSAの契約職員としてシギントに従事しているうちに、国家がなくても人類は生きていくことができるというアナーキズム思想を抱くに至った。裏切りの原因となったこの思想を公開の場で裁かなくてはならない。裁かれるのはスノーデン個人ではなく、インテリジェンスと本質的に敵対する思想だ」

それにしてもスノーデンは、強靱《きょうじん》な意志力を持っている。あるいは、CIAに勤務していたにもかかわらず、シギントの技術的作業にだけ熱中していたために、この世界の本当の恐さを知らないだけなのかもしれない。

【追記】

二〇一三年八月一日、スノーデンはロシアへの入国を認められ、一年間の滞在許可を得た。

6章のことば

「元インテリジェンス・オフィサーは存在しない」

（ウラジーミル・プーチン）

■解説

インテリジェンス機関に勤務した者は、一生、この世界の掟に従い、国家に奉仕すべきである。この掟に背いた者は殺されても文句は言えない。

# III

# 「獄中」の教訓は役に立つ

# 7章　独房で筆者の精神を救ってくれた教え

内村剛介

**筆者、執行猶予期間を終えるにあたり……**

ロシア文学者で思想家の内村剛介氏（一九二〇～二〇〇九年、本名、内藤操）は、筆者にとっての恩人だ。とは言っても、筆者は一度も内村氏と話をしたことがない。学生時代に、確か東京工業大学で行われたロシア文学会の研究発表を聴きに行ったことがある。そのときロシア人の酒の飲み方についての研究発表があり、それに対して、内村氏がコメントをしていたのを覚えている。コメントの内容はまったく覚えていない。しかし、内村氏の北関東訛《なま》りの発言が印象に残った。

なぜ、筆者にとって内村氏が恩人なのだろうか？　それは鈴木宗男事件に連座して、筆者が「鬼の特捜」（東京地方検察庁特別捜査部）に逮捕され、東京拘置所で五一二泊の独房生活を過ごしたときに、学生時代に読んだ内村氏の著作がほんとうに役に立ったからだ。内村氏の著作は修羅場における実用書なのである。二〇〇九年六月三十日に筆者の上告を最高裁判所が棄却し、懲役二年六月（執行猶予四年）の有罪が確定した。そして、二〇一三年六月二十日に筆者は執行猶予を終え、完全に自由な身になった。この機会に、内村氏から筆者が獄中で受けた影響について記しておきたい。

内村氏は、一九二〇年三月十八日、栃木県に生まれた。四三年、満洲国立ハルビン学院を卒業した。ハルビン学院は高度のロシア語とソ連事情の専門家を養成するために創設された大学だ。卒業後、関東軍に徴用され、四五年、日本の敗戦後、ソ連に抑留され、さらにスパイ容疑で逮捕され、懲役二五年の刑を言い渡された。五六年に帰国。ソ連での抑留期間は一一年に及んだ。帰国後は、日商岩井（当時）の商社員となるが、同時に評論活動を始める。『呪縛の構造』（現代思潮社、六六年）、『生き急ぐ——スターリン獄の日本人』（三省堂新書、六七年）は、同時代の知識人に強い影響を与えた。七三年に北海道大学教授に就任、七八年に上智大学に移り、九〇年まで教鞭を執った。二〇〇九年一月三十日午前二時四十一分、心不全のため東京都世田谷区の病院で死去した（享年八十八）。『内村剛介著作集』（全七巻）が恵雅堂出版から刊行された。

## 行き方は三つしかない

内村氏は自らの逮捕について『生き急ぐ』においてこう記す。

〈「あなたは逮捕されました」――ひどく事務的にそう言われた。

逮捕されたとはどういうことなのか。捕虜ラーゲリでの抑留、抑留者の禁足――それはまだ逮捕ではなかったわけか。捕虜だって禁足されている。いつも監視され、強いられていることにかわりはない。ところがそれはまだ「逮捕」ではなかった……「あなたは逮捕されました」――こういう場合には、「お前は」ではなくて、「あなたは」と言わねばならぬらしい。

「あなたは逮捕されました」――かれはたしかにそう言った。逮捕の事実がこのことば以後厳として客観的に存在し、それはわたしもあなたももはやどうすることもできるものではないということらしい。つまり逮捕ということばを境にして世界はまっ二つに裂けてしまったというわけだ。

ではなぜ逮捕状を執行しない？　それほど厳粛なたったひとつの時間であるというなら、まず逮捕するぞと宣言した書きものを見せつけ、その時間を不動のものにし、歴史の上にくっきりきわだたせておくべきではないか。

これからさき、逮捕以降、わたしはどのようにふるまえばいいのか。いまのところわたしにはこの厳粛な区切りは少しもはっきりしていない。まだ手錠をかけられたわけでもなし、数分まえと事情は少しもかわっていない。おそらくこの時間の区切りはかれらにとって儀式なのである。儀式であるからには当然芝居がかったところがあっていい。〉

（内村剛介『生き急ぐ――スターリン獄の日本人』三〜四頁）

もっともこの本は独白記の体裁をとっているが、話者の名は内村剛介でも内藤操でもなく、タドコロ・タイチ、生年も実際より四年遅い一九二四年になっている。このことは、『生き急ぐ』が純粋な当事者手記ではなく、文学的脚色を加えられたものであることを示唆している。タドコロは、スパイ活動など一切行っておらず、GPU（ゲー・ペー・ウー、国家保安局＝秘密警察、KGB［国家保安委員会］の前身）による冤罪《えんざい》というストーリーを物語っているが、筆者はそれを額面通りには受けとっていない。タドコロ（すなわち、内村＝内藤氏）は、関東軍で何らかのインテリジェンス活動に従事していたのだと筆者は見ている。

米国や英国ならば、インテリジェンス活動についてもかなり幅広い範囲で通常の戦闘活動と同じと見なし、刑事責任は追及しないが、ソ連は別基準で対応した。GPUは、国際基準で処罰されるスパイ活動よりもはるかにハードルを低くして、戦犯の摘発を行ったのである。そうなると旧日本軍でロシア語に堪能な将兵は、ハードルさえ下げれば、どこかでスパイ活動に該当する事実が出てくる。そして、それには法規を特に厳格に対処するのだ。日本の特捜検察もＧＰＵと似たような文化を持っている。もっともＦＢＩ（米連邦捜査局）、シンベト（イスラエル保安局）もハードルを下げ、特に法規を厳格に適用して、特定の人物を処断することがあるので、運が悪いと誰もが内村氏のような状況に陥るのである。

逮捕後、内村氏は無駄な抵抗はしなかった。〈行き方は三つしかなかったはずだ。屈服してなすがままにまかすか、あらがいとおして始末されるか、（中略）あるいは、第三に、うまく迎合の擬態で押しとおすか、だ。〉（前掲書六四頁）。

筆者は、二〇〇二年五月十四日の火曜日に逮捕された。土日は、弁護士との接見（面会）ができない。検察官は、居丈高に自白を迫ってくる。自白しようにも、事実が異なるのだから、自白の仕様がない。そのとき思い出したのが、内村氏のこの言葉で、筆者は「あらがいとおして始末される」ことと「うまく迎合の擬態で押しとおす」の二つをミックスして、取り調べにあたるという基本方針を心の中で決めた。

つまり、裁判では筆者に不利になる事柄を供述しても、歴史的事実をできるだけ公判記録に残し、いつか機会を見て、裁判以外の場で真相を明らかにし、国民の判断を仰ごうと思った。そのヒントになったのが『生き急ぐ』で、タドコロに仮託して内村氏が残した証言なのである。

## 看守の厚情で定規をナイフ代わりに活用

さて、独房で生活していると食物に対する関心が異常に強まる。この点についても内村氏の描写は真に迫っている。

〈朝食は賑やかにやってくる。それは監房のお祭りだ。まず砂糖が九グラム。平型マッチ箱一杯分だ。次に魚。これは塩漬けのにしん。二二グラム。やがてパンが来る。五五〇グラムの黒パンが誇りやかに満面に笑みをたたえてやって来る。そして最後に茶五グラムと熱湯。熱湯だけにはグラムの制限がない。大へんなごちそうをもらったのだ。さてどんなふうに料理したものだろうか？

パン五五〇グラム、これは一日分なのだから何とか夕食まで持たせなければならない。だいじにしているナイフを取り出してまずこれを正確に三等分することだ。ナイフは細ひもで出来ている。シャツのほころびから糸を抜き出してたんねんに撚ったものだ。これを口にくわえてしめりを持たす。うっかりして途中でぶっ切れるようなことにでもなったらそれこそ一大事だ。〝ナイフ〟をまた作るのは容易なことではない。看取に見つかろうものならこの〝凶器〟が取りあげられることは間違いない。取りあげられるだけですめばまだしもだ。処罰されかねない……とつおいつそう思案している間にも生つばがこみあげて来る。目がちらりちらりとパンを盗み見ている。早くしないか、早く！だがあわててはいけない。これを正確に三等分するのが先だ。いや、三等分ではない。朝食分は一五〇グラムでいい。昼食と夕食には二〇〇グラムずつ。だって朝食後には散歩があるから気がまぎれるし、しかも第一、朝食にはパンのほかに砂糖もあり魚もあるではないか。むしろ昼と夜が淋しすぎるからそちらへ多くまわすべきだ……〝ナイフ〟をそっとパンにいれる。パンは水気が多い。だから本物の金属ナイフよりもひものほうがいい。金属ナイフだとそれにパンがべっとりへばりついてしまうだろう。パンは三つに切れた。

いよいよ大宴会のはじまりだ……

まず砂糖の試食といこうではないか。砂糖を舌のさきでちょいとつっついてみる。試食だけだぞ、なめてみるだけだぞ！　ああ、だけどもう砂糖はひとかけらもない。誰が

なめたのか？　舌がかってになめてしまったんだ。仕方がない。じゃあ砂糖なしで本番といくか。〉
（前掲書二二一〜二二三頁）

東京拘置所の独房にも、ナイフ、フォーク、スプーンなどの金属類を持ち込むことは厳禁されている。午前十時と午後三時に雑役係の懲役囚が「カイカーン、ホウチキー」と叫ぶ。最初、「快感」とは何のことだろうと思っていたが、拘置所では缶詰を開けることを「開缶」という。囚人は、看守と話したいことがあるときは、報知器のボタンを押す。「カイカーン、ホウチキー」というのは、「缶詰を開けたい人は報知器を押してください」という意味だ。囚人が購入（もしくは差し入れで受領）できる缶詰は、プルトップ缶でなく、缶切りで開ける伝統的なものだ。開缶後の缶もしくは蓋が凶器になることを防ぐためだ。

懲役囚が缶切りとプラスチックのバケツを持って報知器を押した独房を回る。独房の小窓が開くと、そこから一回、二つまで出すことができる。懲役囚が神業のようなスピードで缶を開け、独房の筆者に渡す。筆者はそれをすぐにプラスチックの蓋つき容器に移す。そして空き缶をすぐに懲役囚に返す。それを後ろで看守が監視している。みかんや鰯の缶詰を開けると、独房中に良い香りが漂う。そして、プラスチックの容器とにらめっこが始まる。

拘置所の夕食は早い。午後四時十五分くらいだ。午後五時には勤務が終了し、当直者を除き帰宅するので、それに合わせて夕食時間が決まっているからだ。朝食は朝七時半だ。それまでにどうしても腹が減る。プラスチックの容器に移した缶詰から出した食品は、午後九時の就寝直前に食べようと計画するのだが、誘惑に負け、だいたい缶を開けてからすぐに食べてしまう。

もっとも夏は冷房のない独房の室温は三五度を超え、湿度も高い。食パンでさえ差し入れから五、六時間で黴《か》びる。独房は細菌の培養器のようになっているので、開缶後、できるだけ早く食べてしまうのが安全だ。

内村氏の黒パンや砂糖に対する想いが筆者にも皮膚感覚でよくわかる。筆者も独房内で「ナイフ」を持っていた。内村氏のように糸を撚《よ》って自作したものではない。三〇センチメートルのプラスチック製の定規をナイフとして使っていた。夏みかん、グレープフルーツ、バレンシアオレンジの皮をむくときにこのナイフは実に便利だった。慣れるとリンゴの皮も定規で上手にむけるようになる。また、独房内では、データカードを購入することができない。そこで事務用箋を購入して四分の一に切って、手製のデータカードにした。そのときにもナイフとして定規が大活躍した。拘置所の内規では、定規をナイフ代わりに使用することは禁止されている。しかし、このあたりは看守が大目に見てくれた。今でも看守の厚情に感謝している。

## 自己崩壊を防ぐ内村の人間観

さて、独房にいると、人間の友情や信頼、そして愛情について、繰り返し考えることを余儀なくされる。独房の暑さ、寒さは、意志力によって克服することができる。特捜検事による厳しい取り調べに対抗することも、こちら側の信念が崩れない限り可能だ。独房でもっとも辛いのは、起訴後に検察官面前調書が差し入れられ、かつて信頼して一緒に仕事をしていた外務省の上司、同僚、部下が、筆者や鈴木宗男氏を陥れるために供述した、事実を歪曲した内容、ときには完全に捏造《ねつぞう》された物語を読まされたときの衝撃だ。このときも自己崩壊を防ぐ上で内村氏の人間観が役に立った。内村氏は、ボリシェビズム（ロシア共産主義）は人間的であると指摘する。

〈ボリシェヴィズムは人間的だといま言ったが、この〝人間的〟とは人道的（ヒューマニズム）ということではない。ネアンダルタール風に、すなわち人類学的に人間的だというのである。ボリシェヴィキは、言葉に弱い連中、とりわけ人道的という言葉に弱い連中に対しては、それをも用いるというプラグマチズムを持ちあわせている。しかし根っこのところにあるものは、どのような価値も信じず（当然「良心」などというものは蔑《さげす》み）、「支配」だけを狙うニヒリズム（価値の位取りをいっさい認めぬもの）だ。ボリシェヴィズムが人間的だというのは、人間の弱みをよく知っていて、それをうまく操作するという意味なのである。人間の浅ましさによってもって立つという点で、まさに人間的だというのだ。

「どうすればいいか」に対して、相手を知ることを述べた。私たちは、ボリシェヴィズムがニヒリズムであると知った。次はそれに対する自分の態度についてだが、ニヒリズムつまり無類の精神に対してまず心掛けるべきことは、実はニヒリズムそのものが、彼らを支える力を彼ら自身の中から汲み出せない性質のものであるということを踏まえることだろう。ニヒリズムは、その意味では本当は弱いのだ。弱いから強がるのだ。そこを押えて恐《こわ》がらないこと。恐いと思うときでもなお己《おのれ》の臆病風を克服し己のモラルに立って歯向っていく、それだけがニヒリズムの攻撃に対して己を救う唯一つの道だと知るべきだ。〉

（内村剛介『ロシア無頼』高木書房、一九八〇年、六七頁）

## 絶対的価値感を持つ者は克服できる

外務官僚も、特捜検事も、内村氏がいう意味で、「人間的」なのである。そういえば、ソ連時代にソ連共産党官僚やKGB機関員がいかに「人間的」であるかを筆者は目の当たりにした。裏返して言うと、こういう「人間性」を克服するために、筆者は神に身を委ねることの重要性を再認識した。内村氏は、神を失った人間を結びつける鍵となる概念がロシア語の「ブラート（блат）」であると考えた。

〈「ブラトノイ」＝またの名を「ヴォール」ともいう。この語は「ブラートの人」「結び合った人」「血盟の人」を意味する。

「ブラート」＝コネ。有用な結びつき。おそらくイディシ（ユダヤ人のことば）が起りである。十九世紀からオデッサで用いられはじめたが、その後「一般」のロシア語にも用いられるようになる。オデッサは古来ロシア犯罪人たちの故郷、犯罪人たちの首都でこの状態は二十世紀三〇年代の終りまでつづいた。この犯罪者たちの頭目に伝統的英雄が多々あり、それはしばしばユダヤ人であった。イディシの「ブラート」が採りあげられるようになるのは自然な成りゆきであろう。

ブラトノイがロシア全土にわたる組織を作ったのは一九一七年政変のはるか以前であ

る。ブラトノイ同士の連帯は固く、彼らは他のブラトノイを文字通り命をかけて衛《まも》る。ブラトノイの間で紛争が起れば、トルコヴィシチェと称する裁判にかけるが、その判事パハンの決定は最終的で控訴は許されない。戦いはブラトノイの常だ。ブラトノイはみずから犯罪者界のエリートをもって任じ、彼ら以外のものをマスチ（毛並）によって区別する。〉（前掲書三七〜三八頁）

ロシア人同士で、「ブラート」と言うと、通常、コネを指す。コネで不正に何か物やポストを得たときに、ロシア人は片目をつぶって「パ・ブラートゥ（по блату）」と言う。あるいは結束の強いマフィアのような集団も「ブラート」と言うが、これは日常的にはあまり使わない。内村氏が呼ぶ「ロシア無頼」とはブラトノイ集団のことだ。この集団が持つ独自の掟について内村氏はこう説明する。

〈ブラトノイは「法」なるものを、「規範」一般を深く軽蔑する。自分たちの不文律だけが彼らの法なのである。ブラトノイは彼ら以外の者＝ブラトノイでない者、すなわち権力の手先やほかの犯罪者一般、いわゆるフライエル（「フライ」「フリー」「自由」から出た語＝「とうしろう」）その他を無視している。監房へ連れてこられるとドアが閉まらぬうちにもうブラトノイはこういう――「リュージおるか？」。リュージとは一般には人の複数形、つまり「ひとびと」を意味するが、特殊ブラトノイ的には彼ら自身のみを指す。そこに何百人いようとブラトノイは「リュージおるか?」と言ってのけ、この数百人の囚人を「ひと」と認めないことを宣言するのである。囚人の群れのなかのブラトノイが答える。「こっちへこい」。こうして特殊な訊問がはじまる。ほんものかどうかをしらべるのである。

ブラトノイのふりをするのはとても危険である。自称ブラトノイはこうしてやがて切り殺される。フライエルに対してブラトノイぶるだけならリスクはない。フライエルたちは自分をおどす者をブラトノイだと思い込むからである。〉(前掲書三九頁)

要するにブラトノイは、国家によって定められた法規範よりも、自らの掟を優先させる人々ということだ。その意味で、イエス・キリストによって定められた掟を国家の法規範よりも重視するキリスト教徒も、ブラトノイ集団の一種だ。筆者は獄中でキリスト教信仰を内村氏の知的遺産を強化するために用いたのである。

## 7章のことば

「恐いと思うときでもなお己の臆病風を克服し己のモラルに立って歯向っていく」

（内村剛介）

■解説

命を賭けてでも守らなくてはならない絶対的価値を持っている人は、どのような試練であっても克服することができる。

# 8章　経済学と小説の力　宇野弘蔵

## 逮捕、起訴された宇野弘蔵

筆者のものの見方、考え方に強い影響を与えた知識人を順にあげるならば、第一位がチェコのプロテスタント神学者ヨゼフ・ルクル・フロマートカ（一八八九〜一九六九年）だ。この神学者に惹かれ、筆者は神学研究をライフワークにしたし、また外交官になる道を選んだ。鈴木宗男事件に連座して、逮捕、投獄されたときも、フロマートカ神学を導きの糸にして、考え、行動した。

第二に筆者に強い影響を与えたのが経済学者の宇野弘蔵（一八九七〜一九七七年）だ。宇野はマルクスの『資本論』研究の第一人者だ。しかし、『資本論』から革命の指針を見出そうとするイデオロギー過剰なマルクス主義経済学者ではなかった。宇野は、『資本論』を資本主義社会の内在的論理を実証主義的に解明した体系知（科学）の本ととらえた。マルクスが『資本論』で展開した体系知の方法に、『資本論』の記述が矛盾している場合（例えば、資本主義の発展とともに労働者階級が窮乏するという窮乏化法則）、その記述を改め、純粋な資本主義の運動を記述した「原理論」に再編する必要があると考えた。そして自ら『経済原論』を二度上梓《じょうし》し（旧版上巻一九五〇年、下巻一九五二年、新版一九六四年、いずれも岩波書店）、「原理論」の分野で多くの業績を残した。

宇野は、資本主義の純粋化傾向は十九世紀末には止まり、国家が経済に積極的に介入する帝国主義の時代が到来したと考えた。そして、歴史的発展とともに経済政策が重商主義、自由主義、帝国主義と質的に異なる位相で発展するという「段階論」を唱えた。さらに現実に存在する資本主義を分析するには、「原理論」「段階論」の考察に、政治勢力や労働運動の状況、国際関係などを加味した「現状分析」を行わなくてはならないと考えた。「原理論」「段階論」「現状分析」からなる「宇野三段階論」という独自の方法論だ。もっとも哲学専門家（例えば廣松渉）からは、「宇野三段階論」は単なる手続きについて定めたものに過ぎず、哲学的な方法論にはなっていないとの批判も強い。

現在では宇野経済学はほとんど忘れ去られている。しかし、太平洋戦争後、宇野が東京大学社会科学研究所に勤務し、東大生に経済原論を講義した関係で、アカデミズムのみならず、官僚、財界人にも、宇野経済学によって経済の枠組みを理解している人が意外と多かった。世界的規模で新自由主義的傾向が強まる中、資本主義の限界について知るために、宇野経済学は今後も重要な役割を果たすと筆者は考えている。米国の社会学者イマニュエル・ウォーラーステイン（一九三〇年〜）の世界システム論や、柄谷行人《からたにこうじん》（一九四一年〜）の「世界史の構造」をめぐる言説も宇野経済学と親和的だ。

体系知の観点だけでなく、窮地からどう逃げ出すかという修羅場の技法についても筆者は宇野から多くを学んだ。宇野は、治安維持法違反で逮捕、起訴されたことがある。

〈昭和一三（引用者註＊一九三八）年二月一日早暁、宇野弘蔵先生は特高係刑事、予審判事らの来訪を受け、直ちに塩釜警察署に拉致され、治安維持法違反事件の容疑者として留置された。

差し入れを禁じられ、着のみ着のまま綿のない布団にくるまり、いっぱいのシラミに悩まされながら寝る留置場の日々が、『資本論五十年』上巻末章の座談に語られている。

その塩釜署において、先生が、深夜隣の房の騒音を聞きながら「春浅き隣は何をした人ぞ」と一句ひねられたというエピソードは大変興味深いものでもあり、先生ご自身もまんざらではないやや得意気な憶い出として語られているようにお見受けする。
ところでこの事件が、昭和一四（引用者註＊一九三九）年一〇月一六日仙台地方裁判所で、さらに昭和一五（引用者註＊一九四〇）年一二月二三日宮城控訴院で、それぞれ無罪の判決となり、確定したことは周知の事実である。

一審判決の無罪理由は、先生が、労農派グループが国体変革の目的を有する結社として昭和七年中の『労農』廃刊まで存続していたものという理解認識を有していたことを認定した上で、起訴された行為（昭和一〇〔引用者註＊一九三五〕年七月、杉森二郎助手をして雑誌『先駆』に投稿させたこと、その他三点）の時点では「労農派グループカ当時尚存続シ居リタルコトヲ認識シ居リタルコト及右各行為カ労農派グループノ目的遂行ノ為ニスル意思ヲ以テ為サレタルコトニ付イテハ之ヲ認ムベキ証明ナシ」というものであり、二審判決理由は僅かに三行「被告人カ公訴事実に所謂労農派グループヲ支持シ某ノ目的遂行ノ為ニ同事実掲記ノ如キ諸般ノ行為ヲ為シタルトノ点ニ付テハ記録ヲ精査スルモ未タ之ヲ確認スルニ足ル犯罪ノ証明」なしというものであった。

（鈴木孝夫「『隣の人』」『経済学批判 5』社会評論社、一九七九年、八頁）

## リンゴの差し入れがないという孤立

戦前のマルクス主義には、二つの潮流があった。第一は、日本共産党に近い「講座派」だ。一九三〇年代前半に岩波書店が刊行した『日本資本主義発達史講座』の執筆者が多かったのが講座派という名称の由来だ。野呂栄太郎、山田盛太郎、羽仁五郎らが代表的論客だった。明治維新はブルジョア（市民）革命ではなく、絶対主義天皇制を強化するもので、日本は封建的構造を持っており、それが他国と異なる独自の日本資本主義の鋳型を構成していると考えた。戦後は丸山眞男や大塚久雄など非マルクス主義系の知識人にも影響を与えた。日本型経営論も思考の鋳型としては講座派と親和的だ。

これに対して、非共産党マルクス主義者が「労農派」という緩やかなネットワークを形成した。雑誌『労農』の寄稿者が多かったので、労農派と呼ばれた。山川均、向坂《さきさか》逸郎、対馬忠行などが主要な論客だ。明治維新は不完全な形であったがブルジョア（市民）革命で、日本は高度に発展した資本主義国で帝国主義政策を展開していると考えた。天皇制を含め日本的な特殊性は、近未来に世界的規模で拡大する資本主義システムに包摂されると考えた。戦後、労農派は社会党左派や総評に強い影響を与えた。また、一九五〇年代末に日本共産党から分裂した新左翼も、講座派に対抗する観点から、労農派に依拠するようになった。宇野自身は、自らは講座派でも労農派でもないと繰り返し述べている。しかし、人脈、言説の内容を第三者的に見れば、宇野が労農派と親和的なのは明白だ。

宇野は、逮捕当時の状況について、弟子の学者たちを相手にこう回想している（引用文では、——が宇野、○○が質問者。質問者は複数だが○○で一括りにされている）。

〈——（前略）あくる朝（引用者註＊一九三八年二月一日）、早かったんだな。まだ暗いうちに相当たくさんの人数の刑事が来ちゃった、予審判事がついて。予審判事が令状を持ってきた。目がさめたら廊下にずっと並んでいてびっくりした。「ああ来たな」と思った。だけどもぼくは直接運動はしていないから直ぐすむと思っていたので、すぐ帰ると、ただその一言いっただけで出ようとしたら、刑事がぼくの家内に、やはり寒いから余計着せなさいといったらしい。だからぼくにシャツを余計に着せようとするから、ぼくはそんなものいらないよと、マントを着て普通のなりで出た。すぐ帰れると思っていたんだ。

○○　二重回しを……

——　二重回しを。いまでも使っている。ボロボロになっているけど。普通の着物でね。それはぼくは警察に行って話しをしたらすぐ帰れると本気で思っていたからだ。そうしたら特高課長が、「しばらく休んでもらいましょう」といった。妙なことをいうな、いったいどこで休むのかと思って。（笑）特高課長若い人で、なにも尋問しないのです。非常にお気の毒ですけれどとかいってた。仕方がないから車に乗せられて、刑事が両方へついて、どこへ連れていかれたか本当にわからなかった、そんなところ車で行ったことないから。塩釜に行ったんだった。そしてそれはすぐ近くなんだけど、ぼくは塩釜に行くのはいつも電車で行っているから、全く見当がつかなくなった。宮城野の原をずっと行ってもわからなかった。宮城野の刑務所に連れていかれるかと思っていた。そうしたら塩釜警察署の、それも裏門から入ったから塩釜ということもわからなかった。そして留置場にすぐ入れられた。しかしぼくは向坂君があげられたときに仙台からリンゴを差入れしてやって妻君から手紙が来て、非常においしく食べたとかいって返事が来たから、ぼくも差入れがあるとばかり思っていたが、何日たっても差入れがない。往生したな、これには。手拭も紙もふとんもなにも差入れないんだ。ふとんはみんなと共通のを、留置場の隅の入れ場にあるのだが、それを一枚ずつ毎夜くれるんだ、留置場に入ったやつ順々に。だけどもぼくは一人の部屋で、多少優遇され、後には最初にいいのを取るようにいわれた。たいていは綿のほとんどないのが多かった。毎夜、大勢入れられるんで

大変なふとんだった。まず最初これには閉口した。しかし一人だったのは助かった。〉

（宇野弘蔵『資本論五十年・上』法政大学出版局、一九七〇年、五一八～五二〇頁）

この行を読んだときに筆者は、東京拘置所でのリンゴの差し入れを思い出した。未決囚は自費で一部の食料品を購入できるが、そのリストにリンゴは入っていない。リンゴは外部の人が差し入れないと入手できない。裏返して言うと、未決囚にとってリンゴが差し入れられるというのは「外部に支援者がいる」ということを意味する。それだから、東京拘置所の未決囚にとって、リンゴは単なる果物ではなく、外部との絆の象徴なのである。宇野は何も差し入れがないことで、強い孤立感を味わったはずだ。

## 大学の中での知的活動に関心を失う

宇野は大学助教授だったので、拷問は加えられなかった。しかし、取り調べの内容は、講座派の主張を宇野が展開し、体制転覆を謀っていたという筋書きを検察が押しつけるというものだった。

〈――（前略）なにか「杜の会」（引用者註＊共産党系の学生サークル）の中には医学部の学生なんて、ぼくを見たことがないのがいて、先生を知らぬ学生もいましたよといって、特高のほうで驚いていた。むちゃですよ。だからこれは無罪になるのは当然わかりきった事件なのです。ぼくは争いもしなかった。ただ、いちばんなさけなかったのは、運動していないということだったね。運動していれば抵抗もできるわけだが、反抗のしようがない。誤解のもとにあげられ、しかもあげたのは東京でしょう。仙台はそれのつかいですから、ぼくにしても、またぼくの事件であげられた学生も、とんでもない目にあったわけだ。運動をしてやられたというのとは違うんだ。反抗しようがない。実際なさけない。いちばんなさけなかったのは、その点だった。こんなばかばかしいことはないと思った。しかし同時に、ぼくはこんな情勢からいってこんな国で経済学なんかやるのがいやだなと思った。それは本当に正直にそう思った。この事件がすんだらぜひ大学をやめてやろうと思った。これは調べられているうちに思ったのだが、こんなことではなにをしてでも生きていけばいいと思った。こんな国で学問を、少なくとも経済学をやることはできない、こんなばかばかしいことってあるものかと思った。その裏には、やはりぼくはまだ『資本論』をぼくの主張として主張しうるものにしていないということもあったようだ。これはやはりぼくがマルキストになれないということだと思った。マルクス主義者だったら『資本論』にわからないところがあっても、これは正しいに違いないと思ったかもしれないが、ぼくにはそういうことはできなかった。『資本論』の所説に疑問があるということはぼくを実に弱くしていたように思う。検事やいろんなものに対しても。だいたいは正しいと思うけれど、どうもぼくには明確に全部そうだとはいえない。もちろん自分が書いたものの中にも確信のあるものはどうしても理論的に反駁を受けない限りは改めるわけにはゆかない。しかし全面的に『資本論』の所説を主張しうる自信はなかった。これはこういう場合に実にむずかしい。自分に運動ができるのだったらといく度思ったかしれない。なお、その当時はたばこをよく吸っていたので、ここで持ち出すのはおかしいが、たばこなんか吸うんではなかったとよく思った。たばこを吸いたくてしようがない。

○○　『資本論』とたばこ。

——　向こうはそれを利用するわけですよ。面倒くさくなっちゃってね、こっちは。そんなに面倒くさくいうならどうにでもなれと考えてしまう。早くすめばいいという、そういう気持ちですね。それでもぼくは本当に起訴されるとは思わなかった。

○○　でも運動していなかったことがなさけないとおっしゃいますけれど……

——　なさけないというのは、調べに対して抵抗する気になれないからだった。〉

〈前掲書五二四〜五二六頁〉

宇野は、無理な筋書きを押しつける検察官を相手にしているうちに〈こんな国で学問を、少なくとも経済学をやることはできない、こんなばかばかしいことってあるものか〉と大学という制度化された枠組みの中での知的活動に関心を失ってしまった。ちなみに弁護士の鈴木孝夫は、『資本論五十年』のこの箇所を読んだ感想についてこう述べる。

〈私はこれらの個所からやはり先生も他の被疑者の例に洩れず、刑事、検事の作成した「供述調書」を十分に検討し、その上で署名するという態度を貫き得ず、先生の供述として取扱われる「被告人調書」に意にそまぬまま署名されたものではないかと想像せざるを得ない。

『資本論』について、他の凡百の祖述者と異り、自己の理論体系として批判的に再構築を完成されるまで、極めて頑固な立場を徹底的に取り続けられた先生でもやはり、身柄を拘束され、煙草を禁じられている取調べの過程で、徹底的に自己の調書を検討し拒むべき署名は拒み、求むべき訂正は求めるという態度をおとりになることができなかったのではあるまいか。

或いは逆に、極めて冷静に、社会科学者の目で時相を見ておいでになり、かつ理論的研鑽にいそしまれていた先生にとって、意に反して拉致され、誤解にもとづき捜査を受ける状態の中で、逐一自らの供述を検討する作業がわずらわしいものであり、漫然署名に応ずる事態もおありになったのではないか。

勿論当時のファシズム吹き荒れる強大な国家権力に反抗的姿勢をとることが極めて困難であった状況も考慮しなければならない。運動していなかったことが情なかったという先生の回顧は、ここからくるのではあるまいか。

現在の刑事裁判制度においても、捜査官が被告人の供述を聞き、その述べるところを記録したものとして作成し、被告人が署名した「供述調書」が証拠とされる。

捜査官は、有罪の証拠を作るため、ともすれば辻褄を合わせて作文する。長時間の拘束と、質問攻めと、恐怖心で、被告人は上の空でそれに署名指印する。裁判官はその証拠に多大の信を措く。一度成立したこの調書に書かれた誤った事実を覆えし、真実を明らかにするのは容易ではない。刑事弁護人の大きな悩みである。

この構造は、戦後の刑事訴訟法の制定という新しい粧いによっても、戦前の刑事手続と余り変っていないように思う。〉

（前掲、鈴木孝夫、九〜一〇頁）

## 経済学と小説を読むことが「インテリになる」秘訣

二〇〇二年五～八月、小菅の東京拘置所に仮設されたプレハブの取調室で、特捜検察官と対峙しているときに、学生時代に読んだ宇野の『資本論五十年』の描写と、一九三〇年代を特集していた『経済学批判　5』に掲載された弁護士のエッセイの内容が筆者の記憶に鮮明に甦ってきた。そして宇野がインテリにこだわっていたということの意味が、実存的性格を帯びているということがわかった。宇野は、経済学と小説を読むことがインテリになる秘訣だと、フランス文学者・批評家の河盛好蔵《かわもりよしぞう》（一九〇二～二〇〇〇年）に述べている。

〈宇野　ぼくはこういう持論を持っているのです。少々我田引水になるが、社会科学としての経済学はインテリになる科学的方法、小説は直接われわれの心情を通してインテリにするものだというのです。自分はいまこういう所にいるんだということを知ること、それがインテリになるということだというわけです。経済学はわれわれの社会的位置を明らかにしてくれるといってよいでしょう。小説は自分の心理的な状態を明らかにしてくれるといってよいのではないでしょうか。読んでいて同感するということは、自分を見ることになるのではないでしょうか。

河盛　これはなかなかいいお話ですね。つまり小説によって人間の条件がわかるわけですね。
宇野　ええ、そうです。われわれの生活がどういう所でどういうふうになされているかということが感ぜられるような気がするのです。小説を読まないでいると、なにかそういう感じと離れてしまう。日常生活に没頭していられる人であれば、何とも感じないでいられるかもしれないが、われわれはそうはゆかない。自分の居場所が気になるわけです。
（中略）
河盛　（中略）こういうことはいえませんか。実業家や政治家は絶えず実社会に接触しているという自信があるわけですね。それで小説なんかバカらしいものだと思っているんですが、ほんとうは彼ら自身の世界のなかにしかいないので、むしろ小説を読んだ方が自分たちの居場所がよくわかっていいのです。自分たちが宙に浮いていることがよくわかるのです。すぐれた小説を読まないために彼らにはいい政治ができないのではないですかね。
宇野　まあやはり実践的な活動をしじゅうしていると、そういうことを考慮する時間もないし、それでまたある程度はいいのでしょうが、しかし私の考えでは政治家にしてもそういう自分の居場所のわかるインテリになってもらいたい。インテリだったらナチスのようなことはできないのではないかと思うのです。あれは非常に簡単に実践的な面を考えて、なんでもできるという考え方からやる点で最もインテリでないものの政治といっていいと思うのです。

河盛　それはたしかにそうですね。

宇野　ぼくの経済学もすぐ役に立たないのですが、経済学も直ちに役に立つものとして使われるとなると、ナチス流になるといってよいのです。もちろん経済学の本来の目的は政治に役立つためにあるのですが、それは結局われわれの社会がどういうものであるかを明らかにするということにあるので、すぐ技術的に使うためにあるのではない。〉

（宇野弘蔵『資本論に学ぶ』東京大学出版会、一九七五年、二〇九〜二一一頁）

宇野は、一方でマルクスの『資本論』から学んだ論理、他方で優れた小説を読むことを通して得た代理経験によって、治安維持法による逮捕、投獄、公判という修羅場を克服し、その後も政治運動の誘惑に引き込まれずにインテリとしての生き方を貫くことができたのである。

8章のことば

「経済学はインテリになる科学的方法、小説は直接われわれの心情を通してインテリにするものだ」

（宇野弘蔵）

■解説

冷静な論理、熱い情熱のいずれかだけでは、危機的状況から脱出し、生き残ることはできない。優れた知性と豊かな心情を涵養《かんよう》し、インテリになることが、少し時間はかかっても、最良の危機管理策になる。

# IV

# ヴァーチャルな修羅場、リアルな修羅場

# 9章 人間関係に役立つ神学者の言葉

## ディートリヒ・ボンヘッファー

### ヘイトスピーチやネット空間の罵詈雑言

今回は、アドルフ・ヒトラー（一八八九〜一九四五年）に抵抗して処刑されたプロテスタント神学者ディートリヒ・ボンヘッファー（一九〇六〜四五年）を取り上げる。ナチスに抵抗して殺された人はたくさんいた。ナチズムは必ず倒されるという神の摂理を信じて戦ったキリスト教徒もたくさんいた。しかし、ボンヘッファーは、神を信じることができなくなった現代人にとって、キリスト教はどういう意味を持つのかという、実に難しい問題と正面から取り組んだ。なぜこのような不思議なことを真面目に考えた神学者を取り上げるかについては、筆者なりの思惑がある。

国際政治においては、国家エゴが強まり、帝国主義的な緊張が強まっている。日本と中国、韓国の関係もかつてなく悪化している。尖閣諸島をめぐり、中国の挑発が強まると、日中間の武力衝突も排除されない。日本国内でも、かつては目にしなかったヘイトスピーチを叫ぶデモが多くなっている。

企業では成果主義が強まり、それについていくことができず、悩んでいる人が増えている。また、グローバリゼーションの中で英語を習得しないと落ちこぼれると神経過敏になっているビジネスパーソンも多い。上司と部下、同僚同士の関係が、ぎくしゃくすることが以前よりも多くなった。筆者に対しても職場の人間関係について悩んでいるので助けてほしいという相談が頻繁に寄せられる。

リアルな人間関係が持てないので、その代わりにネットで絆を強化しようとする人も多い。フェイスブックで友だちが一〇〇〇人以上いるという人も珍しくない。しかし、ネット空間で、よい顔をするのに疲れている人がほとんどだ。また、匿名のネット空間では罵詈雑言《ばりぞうごん》が飛び交う。

これらの現象を総合すると、どうも人間社会における悪が力を増しているように思える。この悪を克服するヒントをボンヘッファーの神学から導き出したい。その手がかりとして、作家の藤原智美氏が、二〇一四年一月に上梓した著書を取り上げたい。

## 個人が個として書きことばにむかいあう

藤原氏は、インターネットの普及による人類の知的構造の変化について、存在論的な考察を展開している。哲学、言語学、歴史学の専門的な知識がない読者でも、十分についていくことができるていねいな文体だ。ただし、思想の内容は高度である。

まず、英語の普遍化が日本語力を弱める危険性についての考察が鋭い。

〈日本語の土台の上に接ぎ木するようにして得た道具程度の英語力は、しょせんそれを母語とする人たちにはかなわない。英語という土俵に上がるまえに決着がついています。つまりその土俵とは思考そのものであり、日本語で考える人は圧倒的に不利なわけです。言語のルールは常に母語を使えるものに有利になっています。このルール上の優劣が英語化への圧力をさらに強めています。

将来を悲観的に見るなら、英語を母語のように使う人々と、日本語「しか」使えない人々との階層分化が起こるかもしれません。英語が巧みで英語的思考をするほうがその人にとって利益を生むと考えれば、日本語を学習することにエネルギーと時間を使うことは浪費と考えられるでしょう。

実際にその時代のその土地における経済力、覇権構造によって、多くの言語が消えていきました。グローバルネットワーク拡大のもうひとつの側面は「英語」対「他の母語」という言語間の戦争なのです。それは静かに、しかし急速に進行しています。〉

（藤原智美『ネットで「つながる」ことの耐えられない軽さ』文藝春秋、二〇一四年、一三三～一三四頁）

話し言葉と書き言葉における「送り手」と「受け手」の力関係に関する以下の分析もその通りと思う。

〈ここで話しことばと書きことばの差異を整理しておきます。まず話しことばにおいては、話者も聞き手も感情的になりがちですが、書きことばは書き手も読み手も感情的というより、内省的で思索的になります。話の聞き手は、中身を情緒的に受けとめがちで、論理的に深く考察したりすることがむずかしい。一方、書きことばの読み手は、書かれた文章を行きつもどりつしながらも、自分の時間、リズムで内容を把握することができます。話しことばが話者の時間、リズムに支配されるのにたいして、書きことばの時間とリズムは読み手にゆだねられるわけです。話しことばは話し手の側に、書きことばは

読み手の側に主導権があるのです。〉

（前掲書一〇三〜一〇四頁）

さらに重要なのは、「書く力」と「読む力」に正の相関関係があるとの指摘だ。

〈書きことばが衰退するということは、読む力も衰退するということです。よって読者の力も同時に衰えていきます。現在、紙に書かれる文章も短文化が進んでいますが、短文しか読まない読み手がふえているからにほかなりません。長文を読めない人がふえているのです。

ネット上では「長々と書いて説明しなければならないのは、そもそもダメなアイデア」と見なされます。〉

（前掲書一〇八頁）

藤原氏は、現時点での自らの考えを総括して、こう述べる。

〈本書では人類にとって長くつづいた音声言語の時代、それに文字が加わった時代、そして印刷革命によって書きことばが社会の土台をつくっていた時代を、人々の意識の変化としてふり返ってきました。いまぼくたちは、印刷された書きことばの終わりとネットことば時代のはじまりにいます。ネットを通した対話の時代に入ったところです。

そこでは閉じられた空間で文字とむきあうという行為はもはや過去のものとなりつつある。他者から自分を切りはなし、個として自立的に考える、あるいは内省するという行為は、古くさい無駄なものとして見られています。しかし個人が個として書きことばにむかいあい、自立的に思考するという、いっけん孤立したように見える行為はけっして無駄ではありません。

その孤立した姿が決定的にあらわになるのが文学です。近代が生みだした文学は集団から個をひきはなし、個が自立し生きる世界を虚構としてつくりだしました。そのために作家は、既成の集団的思考や規範からいったんはなれなければならなかった。そして独自の視点をもった存在であるという意識をたよりに、書きことばを連ねていきました。それにはフィクションが最適だったのです。〉（前掲書二一七～二一八頁）

「個人が個として書きことばにむかいあい、自立的に思考する」という、反時代的なアプローチが、修羅場の技法として、もっとも効果的と筆者は考える。筆者が考えているのとほぼ同じ事柄を、藤原氏は別の方向から眺め、語っているのだと思う。修羅場において、以前よりも悪の濃度が濃くなっている。それは、われわれが乱暴な言葉遣いをするようになっているからだ。人間の特徴は言語を駆使するところにある。悪は人間と人間の関係から生まれる。従って、人間がどのような言葉を用いるかで、悪の濃度は変化するのである。国際関係においても、企業、官庁、学校などの生活においても、言葉の使い方が下手になり、長くて複雑なテキストを読むことができなくなり、思考が粗雑になっている。その結果、社会における悪の力が強まり、閉塞感が強まっているのだ。修羅場から抜け出す技法を磨くために、このあたりで悪の存在論に踏み込む必要があると筆者は考える。

### 「光の子」と「闇の子」という対比

米国のプロテスタント神学者で倫理学者のラインホールド・ニーバー（一八九二〜一九七一年）は、「光の子」と「闇の子」という対比で、悪を読み解く。

〈自分の意志や自分の利益以上の律法《おきて》を認めない道徳的シニックスを、聖書のよび名で「この世の子ら」または「闇の子」と名づけ、私的利益をより高い律法《おきて》のもとに従わせねばならないと信ずる人々を、「光の子」と名づける事としよう。これはただ単にいい加減なよび名ではない。なぜなら「全体」ということが、個人が直接つながりを持つ身近のコミュニティを意味するものであれ、人類的コミュニティ全体を意味するものであれ、また世界の全秩序を指すものであれ、常に「全体」には頓着なく、私的利益を主張することが常に悪だからである。他方、善とは、いろいろのレヴェルにおいて「全体」が常に調和することである。国家のように下位で不完全な「全体」への献身は、人類的コミュニティのような、さらに大きな「全体」の展望から見れば、もちろん悪となるかもしれない。したがって、「光の子」とは、私的利益をより普遍的な法則の規律の下におき、より普遍的な善と調和を保たせようと努力する人々だと定義することが出来る。

聖書によれば、「この世の子らは、その時代に対しては、光の子らよりも利口である」。この観測は現代の状態によくあてはまる。わがデモクラシー文明は闇の子らによってではなく、愚かな光の子らによってつくられて来た。デモクラシー文明は、強力な国家は自らの力の上に律法《おきて》を認める必要はないと宣言するところの闇の子ら、すなわち道徳的シニックスたちによって攻撃されつづけて来た。こうした攻撃のもとに、デモクラシー文明は、まったく惨憺《さんたん》たる状態にたちいたろうとしているのであるが、それは、デモクラシー文明が道徳的シニックスたちと同じ信条を甘受したからというのではなくて、個人的にも、集団的にも、近代社会にひそむ私的利益の力を軽く見積りすぎたからである。光の子らは闇の子らほど賢くはなかったのである。

闇の子らは、自己が絶対最高の基準であって、彼らはそれ以上の律法《おきて》を認めないがゆえに、闇の子らは悪である。彼らは悪であるが、私的利益の力を見抜いているゆえに賢い。〉

（ラインホールド・ニーバー［武田清子訳］『光の子と闇の子』

聖学院大学出版会、一九九四年、一九〜二〇頁）

「闇の子」の力を最大限に活用したのがアドルフ・ヒトラーを中心とするナチス主義者だ。ヒトラーたちは、言葉を自らの権力を獲得し、維持するための道具としてしか考えなかった。ヘイトスピーチによって、ユダヤ人に対する憎悪を煽《あお》り立て、アーリア人種の優越性、美しさを強調することで、ドイツ人を動員した。しかし、言葉によって真実を伝えようという誠実さを、ナチス主義者は当初から持ち合わせていなかった。

ヒトラーたちは、本質においてニヒリストで、弱肉強食の世界で強者だけが生き残るという単純な世界観を信奉していた。暴力の行使を躊躇《ちゅうちょ》せず、対話に価値を認めないナチス主義者とどう戦うかについて、キリスト教徒は苦慮した。一部のプロテスタント教徒は、ヒトラーを現代のイエス・キリストと崇《あが》める「ドイツ的キリスト者」運動を展開した。ボンヘッファーは、このような流れに抵抗する「告白教会」の幹部として牧師研修所の所長となり抵抗派牧師の養成に従事した。

しかし、一九四〇年にナチス政府によって、牧師研修所が閉鎖されると、ボンヘッファーは、戦争への協力を偽装して、国防軍情報部顧問になる。そして、英国に対する工作活動を担当するという名目で、連合国側と連絡をとり、ナチス体制の打倒を画策した。一九四三年四月にユダヤ人の亡命を幇助《ほうじょ》した容疑でボンヘッファーは逮捕される。一九四四年七月二十日、国防軍将校らによるヒトラー暗殺未遂事件が起きる。この事件を起こしたグループにウィルヘルム・カナリス国防軍情報部長（海軍大将）がいた。軍事インテリジェンス最高責任者がヒトラー暗殺を計画していたのである。カナリスの日記から、ボンヘッファーも暗殺計画に加わっていたことが発覚した。ドイツが敗北する一ヵ月前の一九四五年四月九日、フロッセンビュルク強制収容所で、ボンヘッファーはカナリスらとともに処刑された。

〈フロッセンブュルクでは、この同じ月曜日の朝の薄明の中で、六人の処刑が行なわれた。収容所の医師が、ボンヘッファーの最期の場面を見ている。その時には彼はまだ、ボンヘッファーがどういう人物であるかということは知らなかった。それから一〇年後に、彼は次のように書いている。

「その日の五時から六時の間に、カナーリス提督、オスター将軍……そして帝国裁判所判事ザックを含む囚人たちは、獄房から引き出され、戦時裁判所の判決文が読み上げられた。バラック建ての一つの部屋の半開きの扉を通して、わたしはボンヘッファー牧師が、着ていた囚人衣を脱ぎ棄てる前に、床にひざまずいて、彼の主なる神に真摯な祈りを捧げているのを見た。この特別に好感の持てる人物の祈りが、いかにも神に身をゆだね切って、神は確かに祈りを聴きたもうという確信に溢れていたのに、私は非常に深い感銘を受けた。処刑される時にも、彼は短い祈りを捧げ、それから力強く落ち着いて、絞首台への階段を昇って行った。死はその数秒後におとずれた。私は今まで、ほとんど五〇年にわたる医者としての生涯の中で、このように神に全くすべてをゆだねて死に就いた人を見たことはほとんどなかった」(ヘルマン・フィッシャー＝ヒュルストルンク「フロッセンブュルクからの報告」、『出会い』一九二頁)。

数年間もフロッセンブュルクで囚人生活を送っていたヘッセンの王子フィリップは、この月曜日の午前中に、看守室の荷物のかたまりの中から二冊の本を着服した。その中の一冊は、ヴィルヘルム・カナーリスという名前のはいったカントロヴィッツの『ホーエンシュタウフェン公フリードリッヒ二世』(Friedrich. II. von Hohenstaufen)であり、ほかの一冊は、ボンヘッファーの名前のはいった、銅版画入りのゲーテ全集の一巻であった。これらの書物は、再び彼の手から取り上げられた。残された持ち物はすべて、遺体と同様に、焼却された。〉

(エバーハルト・ベートゲ［森野善右衛門訳］『ボンヘッファー伝4――ドイツの運命への参与』新教出版社、一九七四年、五〇三～五〇四頁)

## 神学的発想に学ぶリアルな信頼関係の構築

ボンヘッファーの獄中での作品は、断片的にしか残っていない。この断片に修羅場の危機から抜け出すためのヒントがある。チェコのプロテスタント神学者ヨゼフ・スモリーク（一九二二～二〇〇九年）は、「苦しむ神」という言葉が鍵になると考える。

〈ボンヘッファー自身が指摘しているように、「この世的解釈」の出発点は「苦しむ神」である。ここからすすんで彼はキリスト論的な宣教の出発点に立つのである。

「この世界が人間イエス・キリストを担う資格を与えられたとき、またイエスのような人間がかつて生き給うた時、その時、そしてその時にのみ、僕たち人間には生きる意味があるのである。もしイエスが生き給わなかったならば、僕たちが知り、尊敬し、愛している人がほかにどれだけあっても、僕たちの生は無意味であろう」（ボンヘッファー『抵抗と信従・獄中書簡』）。

「僕たちが当然神に期待し、懇願することが許されることは、ことごとくイエス・キリストの中に見いだされるべきである。すべてのことをなすに違いないし、またなすことができると僕たちが考えている神が何であろうと、それはイエス・キリストの神とはまったく関係がない。神が約束され、成就されることが何であるかを認識するためには、僕たちはくり返し、極めて長く、極めて冷静に、イエスの生涯と言葉と行為と苦難と死に沈潜しなければならない」（ボンヘッファー前同書）。

　ボンヘッファーがくり返して問うているのは、キリスト教とは何なのか、また今日、真のキリスト教はどこに見出しうるか、という一つの問いである。〉

（ヨゼフ・スモリック《ママ》［新見宏訳］『第四の人間と福音』日本YMCA同盟出版部、一九七三年、五四〜五五頁）

　ナチスによって、ドイツ人もそれ以外の人々も苦しめられている。このような悲惨な現実に対して、一見、神は無関心で、何も働きかけていないように見える。現代人には、そもそも神など存在しないように思える。しかし、それは間違いだ。神もわれわれ人間とともに苦しんでいるのだ。

〈彼は「ある書物の草案」という文章の中で、覚えがきの形で次のように書いている。

「神ということばでわれわれは何を意味するのか。何よりもまず、神の全能などに関する抽象的信念ではない。このような信念は真の神経験ではなく、世界の部分的外延である。イエス・キリストとの出会い。それはただ他者のためにのみ存在することに関心を集中したイエスの経験において人類全体の方向づけが起こることを意味する。他者のために存在するというこのイエスの関心は超越の経験である。この、自己自身からの自由、死にいたるまで貫かれたこの自由こそが、全能、全知、遍在の唯一の根拠である。信仰とはこのイエスの存在（受肉・十字架・復活）に参与することである。神に対するわれわれの関係は、絶対的な力と善を保有する最高の存在者といった何者かに対する関係ではない。これはあやまった超越概念である。そうではなくて、神の存在のあり方に参与することを通して、他者のための新しい生に入ることである」（ボンヘッファー前掲書）。

この点に関連して重要なのは次につづく一文である。「超越とはわれわれに手のとどかない、力の及ばない業にあるのではなく、最も手近かなことがらにある」（ボンヘッファー前掲書）。これらのことばはいずれも獄中にあってやがてとりかかる大きな著作の準備のために書きとめた断片的な文章であるから、われわれの一連の疑問に対して何ら明確な解答を与えてくれないのも当然といえよう。われわれは隣人においてのみイエスと出会うのか、それともイエスの存在がわれわれを隣人に向って開くのか、という問いは答えられないまま残るのである。〉（前掲書五五〜五六頁）

聖書に記されているイエス・キリストは、他者の苦しみを自分のこととして受け止め、話し、行動した。イエスの場合、言葉と行為は分離されない。言葉即行為、行為即言葉である。他者のために存在したというイエスに倣って、われわれも正しく言葉を使い、行動するならば、修羅場の危機から抜け出すことができるのである。もう少し、われわれの日常に引き寄せて、このことを言い換えるならば、あなたが他人の気持ちになって考える努力をすると、自然と言葉の使い方も異なってくるようになる。その結果、あなたの行動が変化する。この影響が自然と他人に及ぶ。そして、他人もあなたのことを思いやるようになり言葉遣いと行動が変化する。このようにして、リアルな人間の信頼関係が構築される。現下日本社会の閉塞状況を打破するために、こういう神学的発想が意外と役に立つ。

## 9章のことば

「超越とはわれわれに手のとどかない、力の及ばない業にあるのではなく、最も手近かなことがらにある」

（ディートリヒ・ボンヘッファー）

**■解説**

あなたが自分のそばにいる人を思いやれば、その人も自然とあなたを思いやるようになる。このようにして、お互いに正しい言葉遣いと行為をすることによって信頼と友情が生まれる。

# 10章　ノマド的〝処世術〟

安藤美冬

## ライプニッツにも通じるスタイル

本章は、少し趣向を変えて、若い世代の「修羅場の作法」について考察してみたい。具体的には、「ノマド的スタイル」の生き方を提唱し、実践している安藤美冬（一九八〇年〜）だ。

安藤は、二〇〇四年に慶應義塾大学法学部政治学科を卒業した後に集英社に入社した。しかし、仕事に馴染めず、入社三年目に抑うつ症状が出て、会社を半年間休職した。その後、復職し、業績もあげたが、二〇一一年、三十歳のときに退社し、フリーランスになった。安藤の職業をひと言で表現するのは難しいが、インテリジェンス用語で言うところのポジティブ・インテリジェンス（積極諜報）とプロパガンダ（宣伝）の技法を総合して、顧客の力を最大限に引き出すことを生業としている。この点で、安藤の技法には、インテリジェンスが埋め込まれている。

まず、基本哲学である「ノマド的スタイル」とは、安藤自身の定義によると以下の内容だ。

〈私はこのように、現代においては「身軽であること」に価値があると考え、「ノマド的スタイル」の追求を、自分の大きなテーマのひとつとして掲げています。

ノマド（遊牧民）という概念が日本に紹介されたひとつのきっかけは、2008年に日本でも発売されベストセラーとなった、ジャック・アタリの『21世紀の歴史』（作品社）です。

移動は、大学生や社会人になる者にとって、重要な職業訓練の一つとなる。すなわち、「就労可能性」をもち続けるためには、旅行者としての資質を兼ね揃えていることを、たえずアピールする必要がある。（同書154ページ）

アタリのこの言葉を、私は「旅する能力が求められるようになる」と解釈しています。

そして、さらに言えば、「住む場所や仕事に自分を合わせるのではなく、自分に合わせて住む場所や仕事を変えるようになる」と。

つまり、これからの時代は、望むと望まざるとにかかわらず、ひとつの国、ひとつの組織、ひとつの仕事だけに頼れなくなっていきます。そうした中では、「自分の生き方、働き方を、自分で決めていく」ことが求められる。

言い換えれば、自分がどうしたいのか、どんな人生を送りたいのかということが、すべてを決定していくというわけです。

（安藤美冬『冒険に出よう――未熟でも未完成でも〝今の自分〟で突き進む。』ディスカヴァー・トゥエンティワン、二〇一二年、一五七～一五八頁）

この記述だけを読むと、グローバル化に対応し、新自由主義的な労働力の自由な移動を説いているだけのように見えるが、そうではない。安藤自身がどこまで自覚しているか、筆者にはわからないが、安藤が前提とするモデルは、アトム（原子）のような同質の個体による競争と集合離散ではない。それだから、安藤は起業家として自らの会社の時価総額を極大化することには関心がない。消し去ることのできない個は、それ自身、生命体で、拡大したり縮小したりする。そういう人々が適宜「ノマド的スタイル」で移動し、その過程で変化することによって、社会の調和が保たれるという発想を、安藤は無意識のうちにしているようだ。

筆者の理解では、安藤の世界観は、バロック時代に活躍したドイツの哲学者ライプニッツ（一六四六〜一七一六年）が唱えたモナド（単子）と親和的だ。ライプニッツのモナド理解について、哲学者の谷川多佳子はこう説明している。

〈モナドは、真の実在で、空間的拡がりをもたない不可分の単純者であり、物的・延長的な原子とは区別される。モナドは相互に独立しており、何かが出入りできるような窓がない。互いに異なった性質をもち、その作用は自己の内的原理にのみもとづく。意識的ないし無意識的な表象の作用をもち、他を映しあい、予定調和による観念的関係のみをもち、それぞれの視点から宇宙を表出する。〉

（廣松渉他編『岩波　哲学・思想事典』岩波書店、一九九八年、一五九七頁）

これを筆者なりの平たい言葉で言い直すと、「人間は一人一人、かけがえのない個性を持っている。この個性は、成長して大きくなったり、退化して小さくなったりする。しかし、この大きい、小さいというのは、比喩《ひゆ》的な表現で、それを客観的に測ることはできない。心が豊かになる、貧しくなるということを、数値で表すことができないのと同様である。人間は、根源的に閉ざされた存在だ。優れた他者の真似をしようとしても、それは不可能だ。また、人間は自分の姿を自分で見ることはできない（鏡に映った自分の姿でも、左右が逆になっている。写真に写っている自分だって、それがほんとうに自分の姿であることは論証できない）。結局、人間は他者の姿を見て、自分の姿を想像することしかできないのである。それだから、自分の個性にどうしても合わないことは、やらない。自分と相性の合わない場所からは離れる。同時に人間は、社会的動物だ。一人で生きていくことはできないので、気の合う人たちと切磋琢磨《せっさたくま》して生きていく。そうすれば世の中は調和していくはずだ」というような内容になる。

ところで、文化人類学者の西田正規によれば、人間は本来、ノマド的だった。定住すると排泄物の処理がたいへんで、しかも、死者に対する恐れが生まれてくる。この二つを避けるためにも、ノマド的な生き方の方が人間にとっては楽なのだ。しかし、事実として、人間はある時点で定住を選んだ。

〈中緯度森林帯における、遊動民から定住民、そして定住民から農耕民にいたる歴史的過程のどちらがより重要な意味を含んでいるのか。これらのことから私は、採集か農耕かということより遊動か定住かということの方が、より重大な意味を含んだ人類史的過程と考え、生産様式を重視する「新石器時代革命」（＝食料生産革命）論に対して生活

様式を重視する「定住革命」の視点を提唱した。〉

（西田正規『人類史のなかの定住革命』講談社学術文庫、二〇〇七年、九五頁）

定住革命が生じる前提に、嫌がる人間をも含めて定住させる権力が作用したと考えるのが合理的だ。この権力が国家に発展するのである。そうなると「ノマド的スタイル」を発展させると、それはいずれかの段階で、国家と衝突することになる。それは「ノマド的スタイル」が、国家や政府がなくても社会だけあれば人間は生きていくことができるという、アナーキズムと親和的だからだ。

この点に関して、安藤は考えていないようだ。もっとも安藤の「ノマド的スタイル」は、思索の結果、生まれたものではなく、生き残っていくために試行錯誤するなかでつかみ取られた「生きている思想」だ。それだから、安藤の言説が二十代、三十代の青年に受け入れられるのである。安藤が国家と衝突するような事態に遭遇すれば（筆者としてはそうならないことを心の底から願っている）、安藤は独自の国家論を構築するであろう。

## 安藤にとっての深刻な修羅場

さて、修羅場とは、世界的な大事件に遭遇したり、特捜検察に逮捕された場合だけを指す概念ではない。第三者から見れば、「よくあることだ」と映ることでも、本人にとっては深刻な修羅場であるという場合もある。安藤は、自分史についてこう語る。

〈現実逃避としての転職活動をやめた後も、ダメダメ社員であることは変わりませんでした。

それでも、ミスをして凹んでいると、職場の先輩がお昼をごちそうしてくれたり、見かねた上司が仕事のイロハについてあらためてレクチャーしてくれたりすることもありました。周囲の人たちのサポートもあって、入社3年目を過ぎると日頃の失敗はほとんど目立たなくなり、あれだけ苦手だった会議や打ち合わせでも、自分の意見を発言できるようになりました。

そうして少しずつではありますが、周囲の信頼を得られるようになってきたのです。担当していた雑誌の広告状況も好調を極めていたこともあって、仕事自体の問題は解決したかのように見えました。

しかし、私には新たな問題がじわじわと浮上してきました。それは、身体の不調でした。転職活動をはじめた頃から徐々に、朝起きられない、食事がのどを通らない、夜眠れないといった症状が出はじめ、通勤電車の中ではめまいと激しい動悸、手の震えにたびたび襲われるようになり、途中駅で下車してひと休みしてから会社に行く始末でした。当時の恋人に朝起こしてもらい、会社近くまで送ってもらったこともあります。

仕事にも影響が出はじめました。原稿を読んでも内容が頭に入ってこなかったり、隣から大声で名前を呼ばれても気づかなかったりと、症状はひどくなる一方です。このままではまずいと近所の精神科に駆け込んでみると、医者からひとこと。「数年間、抑うつ状態が続いているようですね」

説明を受けてもよくわからない多量の薬を処方され、「抑うつってなんだ？　自分はここまで落ちてしまったのか……」と、さらに苦しみは深まるばかりでした。

これまでさんざん迷惑をかけてきた職場に、これ以上の迷惑をかけてはいけない。その一心で出社を続けたものの、お盆が間近に迫ったある夏の日、ついに、朝起きても身体がまったく動かなくなります。

ひとまず休みを申し入れたものの、いっこうに体調は回復せず、1週間ほど休んでいた頃でしょうか。お盆真っ盛りのある日、ベッドに横たわっていたときのことです。突然、すごく近い場所で、私が高校3年生のときに他界した、母方の祖母の存在を感じました。

直属の上司と人事部との面談の末、この日から半年間の休職が決まったのでした。〉

（前掲、安藤『冒険に出よう』五一～五三頁）

筆者も外務省で抑うつ症状を抱えた同僚を何人も見た。しかし、自ら精神科医の診断を受ける人はあまりいない。また、上昇志向が強い若手ビジネスパーソンはなかなか長期の休職に踏み切れない。会社（役所）から長期休職を命じられると、将来のキャリアが失われたと悲観し、復職後も仕事に集中して取り組むことができなくなってしまう事例が多い。しかし安藤の場合は、休職を冷静に受け止め、復職後も淡々と仕事をこなし、その業績が会社からも評価された（社長賞を受賞した）。安藤は巧みに人生の修羅場を切り抜けることができたのである。

筆者の理解では、安藤美冬というモナドに、生まれる前から、このように成長していくことができる力が備わっているから、そのような対応ができたのである。安藤が『冒険に出よう』の中で述べていること、あるいは講演会やテレビで話すことを、マニュアルとして受け止めてはならない。安藤が成功した秘訣は、自分の中に潜んでいる資質を等身大で見つめることができたからだと筆者は見ている。ちなみに抑うつで休職する前に安藤は、「突然、すごく近い場所で、私が高校3年生のときに他界した、母方の祖母の存在を感じ」たと回想する。死者に対する追憶は、定住民の特徴だ。本人は意識していないであろうが、「ノマド的スタイル」に純化できない安藤のもう一つの個性が、こういう記述に表れている。

### 性善説を前提にした人脈構築術

安藤の仕事術には、有益なものと、一見うまくいきそうに思えるが、実際は面倒なことに巻き込まれる可能性があるという危険な内容のものが混在している。例えば、人脈構築術について、安藤はこう述べる。

〈私は年のはじめに「会いたい人リスト」を作成しています。話を聞いてみたい人、相談にのってほしい人、憧れている人、いつか一緒に仕事をしたい人などを手帳やノートに書き出しておくのです。

詳しく言うと、まず思いつくままに、会いたい人を30〜50人ほど紙に書き出します。これが「リスト化」という第一のステップ。テレビで観るような憧れの芸能人、目標としているビジネスパーソン、ツイッターでフォローしている人など、「無理かな?」と思う人であってもかまわず挙げていきます。

リストを書き終えたら、第二ステップは「分析」です。思いつくままに名前を書き出したリストから、どんな人が好きなのか、どんな方向に進みたいのかといった、自分の興味や願望の傾向がわかります。

そして第三のステップは、「実現方法を考える」。今は面識がなくても、会えるチャンスがないか接点を探します。共通の友人を探したり、ホームページやツイッターなどで直接連絡をとれる方法を調べたり、セミナーやイベントなど誰でも参加可能な場はないかを検討します。自分では直接コンタクトをとれないような人でも、よく探してみれば周囲の人につながっている人が見つかるもの。「この人に会いたい」と口に出すことで、それが叶う可能性があります。〉

（前掲書一三〇〜一三二頁）

自分が必要とする三十〜五十人の著名人と面識をつけることは、安藤が述べる手法を用いれば可能だ。外交官やインテリジェンス・オフィサー（諜報機関員）もまず、標的となる人物を確定し、その人物とどのように接触し、信頼関係を構築するかについて考える。共通の知人を活用するというのは、人脈構築の定石と言ってよい。ただし、安藤はこのようにして構築した人脈をどのようにして維持するかについては考えていない。人脈を長期間維持することは、人脈構築の数倍難しい。心底信頼できる友人がいるかいないかは、仕事と私生活の双方において死活的に重要だ。高いレベルで維持できる人脈は、通常、片手に収まる範囲内だ。いくら努力をしても、十人以上の親友（この場合の親友とは、文字通り生死を共にする覚悟がある関係を意味する）を作ることはできないと思う。有力者や著名人と広く浅い人脈をいくら作っても、修羅場に直面したときには役に立たない。

また、有力者や著名人には、「裏の顔」を持つ人も少なくない。外国のインテリジェンス機関の協力者やマフィア組織と関係がある人と、うっかり人脈を作ってしまうと、その関係を切るのに大きなエネルギーがかかる。安藤の人脈構築術は、性善説を前提にしているので、これをそのまま実践すると、トラブルに巻き込まれる可能性がある。

### 実践的な「ひとり合宿」

安藤の実践的提言で、いちばん興味深かったのは「ひとり合宿」に関する以下の記述だ。

〈私はよく「ひとり合宿」をしています。情報を適度にシャットアウトし、日常を一時的にリセットするためです。

合宿といっても、わざわざ遠方の宿を予約する必要はなくて、近郊のホテルで十分です。携帯の電源をオフにして、積ん読していた本を持ち込んでゆっくり読書したり、ノートとペンを持って、現状の振り返りやこれからやりたいことなどを書き出し、頭の中を整理しています。〉（前掲書七八頁）

これは、ユダヤ教的、キリスト教的背景から考えると実に興味深く、かつ効果的だ。旧約聖書の「創世記」によると、神は六日間で天地創造を終えた。そして、七日目は休んだ。

〈天地万物は完成された。第七の日に、神は御自分の仕事を完成され、第七の日に、神は御自分の仕事を離れ、安息なさった。この日に神はすべての創造の仕事を離れ、安息なさったので、第七の日を神は祝福し、聖別された。〉（「創世記」2章1〜3節）

神は、自らが創造したものを観察し、評価するために休んだのである。仕事に邁進し、走り続けるだけでは、大きな成果をあげることはできない。定期的に立ち止まって、自分の仕事を観察し、反省することが重要なのである。

安藤は現在、三十四歳だ。筆者は三十四歳の頃、モスクワの日本大使館で、ソ連崩壊後のロシア政権中枢に構築した人脈を維持するために、とにかく前だけ見て走っていた。あのとき筆者が、安藤のように、自分をもう少し突き放して、対象化することができれば、その九年後に鈴木宗男事件に連座して東京地方検察庁特別捜査部に逮捕され、日本外交の現場から追われることもなかったであろう。もっとも逮捕、投獄という修羅場を経験しなければ、筆者が職業作家になり、こうして読者と出会うこともなかった。

## 10章のことば

「日常を一時的にリセットする」

（安藤美冬）

**解説**

仕事に熱中し、前だけ見て働き続けていても、よい結果はでない。定期的に休みを取り、自分の仕事を観察し、反省することが必要である。

# 11章　不作為は悪

## 小説『インフェルノ』のラングドン

### 謀略を企てる謎の組織に狙われる

ここまでは、実在の人物を取り上げてきた。しかし、修羅場の作法を学ぶということならば、実在の人物にこだわる必要はない。リア王やオセロのようなシェークスピア作品の登場人物、ラスコーリニコフ、アリョーシャ・カラマーゾフのようなドストエフスキーの長編小説に出てくる人物、あるいは五味川純平『人間の條件』で描かれた梶や丹下の生き方から修羅場の作法を学ぶこともできる。

本章は、『ダ・ヴィンチ・コード』で有名なダン・ブラウンの小説『インフェルノ』（上下二巻、越前敏弥訳、KADOKAWA、二〇一三年）を取り上げる。「インフェルノ（inferno）」とはイタリア語で地獄の意味だ。英語圏の人々も「インフェルノ」と言われれば、地獄のことだとすぐわかる。『インフェルノ』はラングドン・シリーズ第四作だ（『ダ・ヴィンチ・コード』は第二作）。骨太のストーリーと、イタリアやトルコでの詳細な取材に裏づけられた迫真性のある描写に思わず引き込まれる。それに敵と味方が何度も入れ替わるどんでん返しが面白い。エンターテインメント小説について論じる場合、読者から読書の楽しみを奪ってはならないので、物語の結末がわかってしまう記述は避けるのが礼儀と筆者は考えている。しかし、本欄の課題が、修羅場から抜け出すためのノウハウを学ぶことなので、『インフェルノ』での謎解きについては、一部、種明かしをしてしまうことになる。この小説の暗号解読を楽しみたい読者は、まず『インフェルノ』を読了し、それから本章に立ち返ってほしい。

主人公のロバート・ラングドン教授は、米国ハーバード大学の宗教象徴学専門家だ。筆者の基礎教育はプロテスタント神学であるが、神学部でも宗教象徴学が教授されている。聖画像や宗教儀式のシンボル（象徴）から、日常的には意識されていない意味を読み解いていく作業だ。心理学的知識も必要となる。ここでは、ダンテ・アリギエーリ（一二六五～一三二一年）の『神曲』がシンボルとなって、物語が展開する。

一三〇〇年の復活祭前の金曜日（聖金曜日）、ダンテは、暗い森の中に迷い込む。

〈第一歌

ダンテは人生の道の半ば、三十五歳の年に暗い森の中へ迷い込む。その森を出て丘をさして登ろうとするが、豹《ひょう》と獅子《しし》と牝狼《めすおおかみ》とに妨げられる。絶望した時にウェルギリウスに出会い、彼がダンテを案内して地獄と煉獄《れんごく》を見せてくれることを約束する。森はダンテの罪深い生活の寓意《ぐうい》であり、三頭の獣《けだもの》はその罪を象徴する。この第一歌は『神曲』全体の序歌となっている。時は西暦一三〇〇年春、復活祭の聖木曜日の夜半から聖金曜日の朝にかけてのことである。

人生の道の半ばで
正道《せいどう》を踏みはずした私が
目をさました時は暗い森の中にいた。
その苛烈《かれつ》で荒涼《こうりょう》とした峻厳《しゅんげん》な森が
いかなるものであったか、口にするのも辛《つら》い。
思い返しただけでもぞっとする。
その苦しさにもう死なんばかりであった。
しかしそこでめぐりあった幸せを語るためには、

そこで目撃した二、三の事をまず話そうと思う。

（ダンテ［平川祐弘訳］『神曲　地獄篇』河出文庫、二〇〇八年、八～九頁）〉

〈暗い森の中でダンテは古代ローマの詩人ベルギリウスと出会う。ベルギリウスはダンテを連れて地獄（インフェルノ）、煉獄（プルガトーリオ）を案内する。日本人に煉獄は馴染みがないが、カトリックの教義で、死後、地獄に堕ちるような大きな罪は犯していない人々が、天国（パラディーゾ）に行くための待合室だ。そこでは、魂を清め、天国に行くための試練を受けなくてはならない。

地獄は地下の九層から構成されている。ダンテとベルギリウスは、魔王ルチーフェロが幽閉されている地獄の底に行く。そこでは重力が特別な作用をするので、それを利用して二人は、煉獄山の頂上に飛び出す。そこでベルギリウスは、ダンテを「永遠の女性」であるベアトリーチェに引き渡す。そして、ダンテは彼女の案内で天国を上り、神を見るという物語だ。

地獄、煉獄、天国という舞台装置は中世のものだが、『神曲』に出てくるダンテ、ベルギリウスらは近代的な自我を持っている。ダンテはこの物語をラテン語ではなく、世俗語のトスカーナ方言で書いた。そして『神曲』の文体が現代イタリア語の基礎になった。『神曲』の世界観は、欧米人に刷り込まれている。

それでは、『インフェルノ』に入ろう。

ラングドンは、突然、見知らぬ病院で目を覚ます。ここはイタリアのフィレンツェで、誰かに銃撃され、直近、二日間の記憶を失ったらしい。記憶はハーバード大学のキャンパスを歩いていたところまでしか残っていない。いったい何があったのだろうかと考える暇もないうちに、病院をスパイクヘアの女が襲撃し、ラングドンの前でマルコーニ医師が殺害される。ラングドンは、マルコーニの助手をつとめていた女医シエナ・ブルックスとともに逃亡する。シエナは高いIQを持つ天才だ。数ヵ国語に堪能で、武道も身につけている。『インフェルノ』と『神曲』を類比的《アナロジカル》に読み解くと、ラングドンがダンテ、シエナがベルギリウスとベアトリーチェを足した役割を演じている。

ネタバレを避けなくてはならないので抽象的な紹介になることをお許し願いたいが、天才生物学者ベルトラン・ゾブリストが、人類がこのまま増え続けるとダンテが描いた地獄が出現するので、それを防ぐために〈黒死病は人の群れを間引いてルネッサンスへの道を開いた〉（下二八六頁）というたぐいの恐ろしい謀略を企てている。

この謀略は七つの国にオフィスを構える謎の民間団体〝大機構〟が支援しているようだ。〝大機構〟は主要国の政府を動かす力を持っている。〝大機構〟に狙われたラングドンは生き残ることができるのであろうか。
また、『ダ・ヴィンチ・コード』以来、ダン・ブラウンのお家芸になっている符丁の読み解きについて今回は、
CATROVACER
PPPPPP
がキーワードになる。『神曲』と結びついて知的ゲームとして実に面白い。

**他人のスマートフォンで用を足す**

さて、この小説では、『神曲』のテキストに、謎解きの鍵がある。ラングドンは、神曲についてかなり詳しく知っているが、全文を暗唱しているわけではない。『神曲』のテキストをチェックする必要が生じた。何者かがラングドンの命を狙っているので急がないとならない。まさに修羅場だ。そこでラングドンはこんな手を使う。
〈希望の光だ、とラングドンは思い、側廊を歩いて老夫婦の横に立った。期待どおり、老婦人の目立つ白いイヤフォンは膝《ひざ》の上のiPhoneへつながっていた。老婦人は視線を感じて顔をあげ、耳からイヤフォンをはずした。

この老婦人が何語を話すのかは見当もつかなかったが、ｉＰｈｏｎｅやｉＰａｄやｉＰｏｄの世界的な普及は、世界のトイレを飾る男女の記号に劣らぬ万国共通の言語を生んでいる。

「ｉＰｈｏｎｅですか」ラングドンはうらやましそうに尋ねた。

老婦人はとたんに顔を輝かせ、誇らしげにうなずいた。「よくできたおもちゃよね」小声で答える。イギリス英語だ。「息子が買ってくれたの。ちょうどＥメールを聞いていたのよ。信じられる？　Ｅメールを聞くなんて。このおちびさんは、ほんとうにメールを読みあげてくれるのよ。老眼のわたしには助かるわ」

「わたしも持っていますよ」ラングドンは微笑みながら言い、眠っている夫を起こさないように注意しながら、老婦人の隣にすわった。「でも、ゆうべ、なくしてしまったらしくて」

「まあ、大変！　〝ｉＰｈｏｎｅを探す〟を試してみた？　息子の話だと――」

「ばかな話ですが、その機能を作動させたことがなくて」ラングドンは言いにくそうな顔で、ためらいがちに切り出した。「もしご迷惑でなかったら、少しのあいだ貸していただけないでしょうか。ちょっとインターネットで調べたいことがあって。お借りできると大変助かります」

「いいわよ」老婦人はイヤフォンを抜き、ラングドンの手にiPhoneを握らせた。「どうぞ使って。お気の毒に」

ラングドンは礼を述べてiPhoneを見た。隣で老婦人が、もし自分がなくしたらすごく困ると思うわ、などとしゃべりつづけているあいだに、ラングドンはグーグルの検索ページを出し、音声入力ボタンを押した。電子音が鳴ってから、検索する語をはっきり発音する。

「ダンテ、神曲、天国篇、第二十五歌」

この機能を知らなかったらしく、老婦人は驚いた顔になった。〉（上三〇八〜三〇九頁）

ラングドンが思ったよりも長い時間、スマートフォンで調べものをしているので老婦人は不安になってくる。

〈「データ通信料はご存じかしら」老婦人が思考をさえぎった。かなり心配そうな顔でiPhoneを見つめている。「いま思い出したけれど、外国でネットサーフィンをするときは注意するよう息子に言われていてね」

ラングドンは、あと一分だけと約束し、使ったぶんは金を払うと申し出たが、それで

も百行に及ぶ第二十五歌の全部を読ませてはくれないだろうと思った。〉（上三一一頁）
すばやく画面をスクロールして、ラングドンは必要な情報を見つける。
〈ラングドンはその文句をじっと見た。特定の場所について書かれた個所を探そうと焦るあまり、出だしのわずか数行のなかで、ひとつの可能性が光を放っているのを見逃すところだった。

わたしの洗礼盤の前で……

フィレンツェには、世界で最も有名な洗礼盤のひとつがある。それは七百年以上にわたって、フィレンツェの子供たちを浄《きよ》めて洗礼を施すために使われてきた——ダンテ・アリギエーリもそのひとりだ。
ラングドンは洗礼盤のあるその建物を、即座に思い浮かべた。壮麗な八角形の建物で、いろいろな意味でドゥオーモそのものよりも神々しい。必要な情報はこれですべて読みとれた気がしてきた。
あの建物がイニャツィオの言っていた場所なのか？

黄金の光がラングドンの心のなかできらめき、美しい映像が形を結んだ——朝の光のなかで燦然《さんぜん》と輝く、青銅の二枚扉。

イニャツィオが何を伝えたかったか、わかったぞ！〉（上三一三頁）

スマートフォンをめぐる老婦人とラングドンの間で、実際にありそうなやりとりが描かれることによって、「わたしの洗礼盤の前で……」というテキストが読者の印象に強く焼き付けられることになる。ちなみに、自らの真の目的を告げずに、偶然出会った他人に何かを頼むというのは、プロのインテリジェンス・オフィサーがよく用いる技法だ。

この洗礼盤の台座の下に、ダンテのデスマスクが隠されていた。そのデスマスクの裏に、符丁が記されている。この読み解きは、キリスト教文化に関する深い教養がなくてはできない。

## 危難の時代に無為でいる大罪

〈「わけがわからない」シエナが言った。「文字が全部同じだなんて」

ラングドンは静かにうなずき、並んだ文字を見つめた——ダンテの額の内側にていねいに記された七つの同じ飾り文字を。

PPPPPP

「七つのP」シエナが言う。「こんなもので何しろっていうの？」

ラングドンは穏やかに微笑み、シエナと目を合わせた。「このメッセージが告げているとおりにすればいい」

シエナは目をまるくした。「七つのPは……メッセージなの？」

「そうだ」ラングドンはにっこり笑って言った。「ダンテを学んだ者には、とてもわかりやすいメッセージだよ」〉（下一〇〜一一頁）

ここで、ウィーンでラングドン教授が「神聖なるダンテ――地獄の象徴」と題する講演を行ったときの情景が盛り込まれる。

〈ラングドンは微笑んだ。「そっちの後ろのほうに、ダンテにくわしい人がいらっしゃるようですね」あらためて絵を指し示す。「たしかに、天使がこの気の毒な男の額を突き刺しているように見えますが、実はそうではありません。ダンテの記述によれば、煉獄の番人であるこの天使は、ここに来た者が中へはいっていく前に、額に剣先であるものを書くのです。なんと書くのか、気になりますね」

効果を狙って間をとったのち、つづけた。「不思議なことに、記すのはひとつの文字で……それを七回繰り返すんです。天使がダンテの額に七回書く文字がなんであるか、わかる人はいますか」

「P!」聴衆のひとりが声を張りあげた。

ラングドンは笑みを浮かべた。「そのとおり。Pの文字です。このPはペッカートゥム――〝罪〟という意味のラテン語――の頭文字です。そしてそれを七つ書くというのは、セプテム・ペッカータ・モルタリア、すなわち――」

「七つの大罪!」さっきとは別の声が叫んだ。

「そのとおり。それらの罪は、煉獄の各層をのぼることによってのみ償うことができます。ひとつ層をあがるたびに、天使が額のPをひとつ消し、頂上へ到着したときに七つのPがすっかりなくなって……魂からすべての罪が浄化《パージ》される」ウィンクをする。「煉獄《パーガトリー》と呼ばれるのには理由があるんですよ」

ラングドンは物思いから覚め、シエナが洗礼盤の向こうから自分を見つめているのに気づいた。「七つのP?」シエナがそう言って現実へ引きもどし、ダンテのデスマスクのほうを示した。「これがメッセージ？　これからどうするべきかを伝えてるの？」

　ラングドンはダンテの記した煉獄の山について手短に説明し、Ｐが七つの大罪を表していること、そして額からＰを消していく過程について語った。

「おそらく」ラングドンは最後に言った。「ベルトラン・ゾブリストはダンテの狂信者だから、七つのＰについても、天国へ向かう手段として額から文字を消す過程についても熟知していただろう」〉　（下一四〜一五頁）

シエナがラングドンに〈あなたみたいな症状の場合、最良の羅針盤は潜在意識なの。〉（上一五九頁）と述べるが、『インフェルノ』は読者の潜在意識を刺激し、人口爆発という近未来に人類が直面する問題に読者を誘う。エピローグにこう記されている。


〈機内に着席しているロバート・ラングドンは、ペーパーバック版の『神曲』にすっかり心を奪われていた。ジェットエンジンの低いうなりと、三韻句法《テルツァ・リーマ》の軽快な韻律に誘われ、半ば眠りに落ちかけている。ダンテのことばがページからあふれ出しそうで、いまこの瞬間の自分のためだけに創作されたかのように強く胸に響く。

　ダンテの詩は地獄の惨状というより、どんな苛酷《かこく》な試練にも耐える人間の精神の力を描いたものだ、とあらためて気づかされた。

窓の外には、まばゆい輝きを放つ満月がのぼり、ほかの天体すべてをかすませている。ラングドンは広大な空を見やり、この数日のあらゆる出来事に思いをさまよわせた。地獄の最も暗きところは、倫理の危機にあっても中立を標榜《ひょうぼう》する者たちのために用意されている。そのことばの意味が、いつにも増してはっきりと体得できた。危難の時代に無為でいることほど重い罪はない。〉（下三一八頁）

その意味で『インフェルノ』は社会派小説でもある。

## 11章のことば

「地獄の最も暗きところは、倫理の危機にあっても中立を標榜する者たちのために用意されている」

（ダン・ブラウン）

### ■解説

自分の正しいと信じる価値観をあくまで追求していくべきで、不作為は悪であるというアメリカ人の行動原理がよくあらわれている。

対談

# 「最悪」のシミュレーションだけすればいい

西原理恵子

西原理恵子

さいばらりえこ／漫画家

1964年高知県生まれ。武蔵野美術大学卒業。88年、週刊ヤングサンデー『ちくろ幼稚園』でデビュー。『ぼくんち』で文藝春秋漫画賞、『上京ものがたり』『毎日かあさん』で手塚治虫文化賞短編賞受賞。『いけちゃんとぼく』『とりあたま帝国』（佐藤優氏との共著）など著書多数。

## 修羅場を作らない技法

**佐藤**　僕は本誌（月刊『中央公論』）で毎月、「修羅場の作法」という連載を執筆しています。歴史上の人物、小説の主人公たちを取り上げながら、修羅場の切り抜け方を考察する——というコーナーですが、今月は趣向を変えて西原さんと一緒に修羅場の作法について考えることになりました。

修羅場と言えば、二〇一二年十月、西原さんと高須クリニック院長の高須克弥先生が交際宣言されました。変な媒体に書かれる前に自分たちからしゃべると。素晴らしい危機管理でした。修羅場を作らない、というのが修羅場における最高の対策。

**西原**　二人で会っているときの写真をマスコミに売り込む集団がいて、高須さんは女性を対象にした美容整形の仕事、私は家族をテーマにした漫画を描いていますから、一番困るのは面白おかしく「W不倫」と騒がれることでした。私たちは独身ですが、世間はそんなことは知りません。万が一、そんないい加減なことを書かれたら仕事へのダメージが大きい。そうこうしていたら高須さんが「全部、認める」と、自分から発表することを決めた。何の約束もしていなくて、少し仲がいい茶飲み友達くらいに思っていたので、高須さんの決断は嬉しかったです。

**佐藤**　自分から発表するのは一番いい方法ですね。それもユーモアを持って発表するのがいい。

**西原**　以前、高須さんは名古屋国税局から脱税の指摘を受けましたが、これも先に面白おかしく書いちゃって……。

**佐藤**　そんなに問題は広がらなかったですよね。ちなみに、役人という生き物は笑われることが一番苦手です。

**西原**　なるほど。というのは、名古屋国税局の役人で滅茶苦茶取り立ての厳しい人がいたんですが、高須さんはその人をスカウトしてクリニックの税理士にしたんです。私はそれを漫画に描いた。そしたら、その人が傷ついて寝込んでいるという。「西原さんに大恥かかされた」って高須さんに泣きついたと聞いて驚いた。

**佐藤**　エリート街道まっしぐらで来た人たちは、他人様に笑われることに慣れていないんです。

僕は最近『元外務省主任分析官・佐田勇の告白——小説・北方領土交渉』（二〇一四年一月刊、徳間書店）という本を出しました。筋書きは、帝国大学を出て童貞で外交官になって、女性に慣れていないから勤務地で泥沼の不倫騒動に巻き込まれた同僚がいた。このときに佐田が散々、助けてやったのに、二〇〇二年の都筑峰男《つづきみねお》事件が起きた際には軽々と寝返って佐田を窮地に追い込んだ。これは絶対に許すものかと。実在の人物で、この小説を読んでビビりあがる人がいるかもしれません。

　外務官僚になるような奴らは概して中学校時代までにいじめられた経験がある。

**西原**　勉強だけして偏っているから？

**佐藤**　と思います。で、自転車に乗れないだろう、子どもの頃いじめられただろう、などとからかわれると、ものすごく傷つく。いわゆるエリートと喧嘩する際には中学校までのトラウマをどうやって引き出すかが大事なポイントになります。

**西原**　よく、相手に意地悪されたからと仕返しすれば、自分も相手と同レベルに落ちる。だから仕返ししてはいけない——と言いますが、ケンカってよりえげつないほうが勝つので、同レベルでも勝てない。もっとレベルを落とさないと。奥さん同士の悪口の言い合いでも、「よりえげつなく」とアドバイスしています。（笑）

## 嫌われる技法

**佐藤** 僕が修羅場として印象深かったのは二〇〇二年、写真週刊誌に赤裸々に報道された政治家の山崎拓さんと山田かな子さんの不倫騒動です。あれはすごかった……。

あそこから学んだのは、「私は浮かぶけれど、あんたは沈め」といった程度の心構えではケンカは勝てませんが、私は「死ぬ」覚悟ができている。共に沈め――というところまで腹が決まっていれば、喧嘩は勝てるということ。

**西原** あれはみっともなかったですね。不倫とはいえ、ここまで泥沼化するのはすごいと思いました。

**佐藤** そういえば外務省の先輩できれいな奥さんがいるのに、いつも不倫している人がいました。でも、まったくトラブルにならない。なぜトラブルにならないで遊んでいられるかというと、その先輩はどうやったら相手が自分から逃げていくかをちゃんと研究していると言っていました。

たとえば相手が白人の女性であれば、高級レストランでスープをズルズルと音を立てて飲めばたいていは逃げていく。それでもダメなら鼻糞をほじる。それでもダメな場合は相手の親の悪口を言う。この三番目の手法で逃げなかった女性は一人もいないと。

**西原**　その人は、ちょっと遊んで逃げたいわけね。せっかく知り合ったんだから大事にして、できるだけ長く一緒にいたい――とは思ってない。

**佐藤**　よく考えると僕の周りはそんな人間が多いですね。仕事を取るか、女性を取るかと役所に迫られて、女性を取ったのは一人だけ。実にいい奴でした。でもそれ以外はみんな逃げることばかり考えている。

外務官僚って基本的には任地でプライベートの友人を作ってはいけないんです。後任に引き継がなくてはならないから、任地を離れたら連絡を取るのもやめるよう言われました。

**西原**　戦場の兵士みたいですね。現場で一切私情を持つな――といったような。

**佐藤**　そう。概して外交官は、「利用」「非利用」で人間と付き合うような傾向がある。仕事でのそうしたあり方が、いつの間にかプライベートにまで出るようになって、人間的な交流を深めることができなくなるのかもしれません。修羅場が避けられても、それで幸せかどうかはわかりません。

**西原**　数だけこなしたいって、寂しいですねぇ。男の人たちはそんなに女性と切れたいんですか。

**佐藤**　政界でも官界でも人を愛することができない人っていますね。愛着障害のようなものでしょうか。そもそも自分のことが愛せない。ものすごく高い理想を掲げて、そこから遠い自分が好きになれない。それで虚勢を張ったり、自分はダメなんだといって潰れてしまったりする。

**西原**　そういう人が女性と付き合うと、そうなるんですね。

## 最大の修羅場は夫のアルコール依存症

**佐藤**　西原さんの最大の修羅場はいつですか。

**西原**　戦場カメラマンだった夫がアルコール依存症で、家の中で暴れていたときですね。アルコール依存症って大変な病気で、理性が吹っ飛んで、野生の生き物みたいになっちゃうんです。だから強い者にはペコペコして、弱い者は徹底的にいじめる――という動物のような人格になってしまう。二十四時間、私のことを罵倒していました。

私はアルコール依存症という病気の知識がなくて、この人は著しく性格の悪い人だと思い込んでいた。だから二人の子どもを守るために離婚した。

**佐藤**　酒は怖いですよ。僕もロシアで山ほどアルコール依存症の人を見ました。あの国は男の平均寿命がものすごく短い。六十四歳くらいです。そして、死因にウオトカ（ウオッカ）が関係しているケースが多い。アルコール依存症による内臓疾患だけでなく、酔っ払って交通事故や機械に巻き込まれる事故も少なくない。またはアルコール依存症に関係があると思われる自殺も多い。

**西原**　アルコール依存症患者の生還率は二、三割とされています。

**佐藤**　でも旦那さんは帰ってきた。

**西原**　そうなんです。治療を終えて、「ただいま」って帰ってきた。最初は怖くて目も合わせられなくて。でも二日目くらいで結婚する前の優しかった頃に戻っていることに気づいた。

そうか。病気でもなければあんなにひどいことを言うわけがないと、やっと理解できました。そこから亡くなるまでの間は、絶対にお酒を飲まないで、子どもがかわいい、私のことも大好きだと言ってくれた。最期までずっと一緒にいられて幸せでした。もし病気が治らなかったら、私は死ぬまで子どもたちに「お前たちの父親は最低だ」とののしり続けたと思います。それは一番やってはいけないこと。病気に必要なのは道徳やモラルではなくて医学的な治療です。

## カネがないのが最大の修羅場

**西原**　夫が病気になって思ったことですが、人間は必ず病気になる。病気にならない夫も、潰れない会社に勤めている夫も、浮気しない夫も、この世の中には存在しません。そのとき専業主婦だったら家の中は滅茶苦茶になる。夫が倒れて、自分に子どもを養う力がなければ、家庭は修羅場になります。専業主婦は極めて危険なお仕事です。

夫を治すためにも莫大なおカネがかかり、半年後にちゃんと死なせるためにも莫大なお金がかかりました。最大の修羅場はおカネがないこと。おカネがないと、たいていの人は獣になってしまいます。おカネがないと男の子は泥棒に、女の子は売春婦になる危険性が高くなる。

自分の娘と息子がそんなことになったら、人生最大の修羅場と考えている。それさえ避けられれば、ほとんどのことはどうでもいい。

**佐藤**　西原さんの修羅場の対処法を整理すると、まず、最悪の状況をシミュレーションしておくと。それで、原因を理性的に分析して、その危険がある芽を潰していくということですね。これはすべてのことに応用できる。

**西原**　子どもを東大に行かせようなどと高望みしない。いい子に育てようといった漠然とした理想も描かない。最悪の危機管理から逆算するのであって、上は想定していません。

**佐藤**　いいじゃないですか。東大を出て超有名企業に勤めても、上司の顔色ばかりうかがって、人間としての誠実さを失っていくようなエリートはいっぱいいますが、そんなふうになっても仕方ないのですから。

**西原**　そうですね。人に好かれる、何か言われてもはね返せる強さが身につけばいいなと思っています。人に好かれるって一番の財産ですよね。それと、女の子は他人の中傷とかにすぐへこんだりしがちですが、それさえ気にしないで生きていける強度があればいいと思っています。

私は叱らない家を作りたかったんです。私のお父さんは殴る人でした。だからお母さんも朝から晩まで怒っている。いつも叱られていました。お使いに行っても、ご飯を食べても、何をしてもイライラした両親に叱られる。そうすると子どもたちは萎縮して、子どもらしい夢のようなものを何一つ描けなくなるんです。近所の子どもたちも「サッカー選手になりたい」「宇宙飛行士になりたい」って誰も言わない。何の夢も見ないままに荒《すさ》んでしまった例をたくさん知っています。そういう環境こそ修羅場です。

だから叱らない家庭を作りたかった。子どもを高学歴にしようと思わなければ、説教は三分の一ですむ。後は、家を散らかしても、お手伝いさんを頼んじゃえばいい、と大らかに構えれば、ほとんど叱る機会はありません。叱らないから子どもは腑《ふぬ》抜けですが、そういう家を作るのが夢でした。

**佐藤**　子どもさんたちは何になりたいんですか？

**西原**　娘は小説を書いたり、映画の脚本を書くことを夢見ているようです。

息子はアメリカのブラック・ミュージックやハリウッドに興味があるらしく、留学したいと言い出しました。なので、今、急いで英語の教育を施しています。

**佐藤**　教育は重要です。修羅場を切り抜けるために教育は役に立ちますから。

ユダヤ人は子どものできがいいと、財産を残さない。できが悪いと、持って逃げられる範囲で財産を残してやろうとします。どんな時代になっても頭の中にあるものは持って逃げられますから最強です。

**西原**　子ども二人は優しいし友達も多い。私はそれでいいと思っています。

## 正面から戦わない、雨雲が去るのを待つ

**佐藤**　ところで、パーソナリティー障害らしき疾患を抱えている人が大勢いる外務省なんて組織にいたせいで、僕は敵に正面から立ち向かわないという知恵がつきましたよ。変な上司が来たら、去るまで下を向いて待つ。体を躱《かわ》すのも修羅場の作法です。

**西原**　それはそう。私はプライドがないから撤退早いですよ！　美大の学生だった頃、周りの友達はみんな一流の出版社や展覧会に作品を売り込んでいましたが、私は三流のエロ本に売り込んで作品を買ってもらった。学費を稼ぐために働かなくてはならなかったときも、六本木のパブなどで働こうとしない。自分の容姿を冷静に分析して、歌舞伎町のミニスカパブなら雇ってくれる――と思って働きました。三流を狙うというのは正面から戦わないという話に通じますね。

**佐藤**　とはいえ、みんながそれで成功するとは限りませんけれどね。

そうそう。正面から立ち向かったことの悲劇を一つ思い出しました。これもまたアルコール依存症でしたが、ロシアの故エリツィン大統領にまつわるエピソードです。

**西原**　いつも赤い顔してましたよね。

**佐藤**　そう。いつもアルコールの臭いがしました。エリツィン大統領は、ベルリンで開かれたソ連軍撤収記念行事に泥酔したまま出席し、軍楽隊の指揮棒を奪って、ゆらゆら揺れながら自分も民謡を歌ったことがあります。このときは「よその国で何をやっているんだ」と酒好きのロシアの大衆もさすがに怒った。事態を深刻に受け止めたロシアの高官が、酔っ払って指揮する大統領の姿を収めたビデオに手紙を添えて送り、エリツィン大統領を諫《いさ》めようとした。この実にまともな忠告に、エリツィンは激怒した。

後にこの高官はボルガ川で船遊びをした際、エリツィンに川に突き落とされました。必死で船に上がってこようとすると、エリツィンは高官を棒で突き飛ばし、「この野郎。大統領に逆らう奴はどういうことになるか。みんな見ておけ！」と怒鳴った。

人間が本当に怒るときは二通りです。本当のことを言われたか、とんでもない大ウソをつかれたとき。その後、この事件は報道もされましたが、この高官は取材に対し、一切、沈黙を貫いた。「問題はない」と。

後に僕が「本当のところはどうだったのか」と尋ねたら、「いや大変だった」と。ともかく雨雲が近付いてきたときには体を小さくして身を低くして、雷が落ちないようにしなくちゃいけないのに、つまらないことをしてしまった――と言っていましたね。結局、彼は解任されてしまいました。

**西原**　厳しいですね。

**佐藤**　ロシア人は四つのものが欠かせない。ジャガイモ、黒パン、タバコ、ウオトカ。このうち二つのものが切れると暴動が起きて政権が倒れる――というのが僕の仮説。ゴルバチョフ大統領が辞任せざるをえなくなったのも、反アルコールキャンペーンを展開し、同時期にロシアからタバコがなくなったからだと思っています。タバコがなくなったのはアルメニアの民族紛争でタバコ関連の工場が動かなくなったことが理由ですが、いずれにせよ、この二つがなくなるとロシア人は暴れる。

**西原**　人生、これだけあれば大丈夫、というものを決めておくのは重要ですね。

**佐藤**　これも応用が利きます。

## 巻き込まれない、巻き込まない

**西原**　私は健康って大事だなと思っています。年寄りじみてますが、今、健康を害して働けなくなったら恐ろしい。それとおカネ。おカネがないといけないと思っています。

もっと絞ると、もし今、濁流が流れてきて家が押し流されそうになったと想定したら、腕は二本しかありませんから、片手で子ども、片手で仕事を取る。親も夫も取らないです。子どもと仕事だけを取ります。

**佐藤**　ちなみに僕にとって人生にもっとも大事なものを二つあげろと言われれば、家族と猫です。

**西原**　以前、前科一犯の友人に、「本当の悪党は捕まらない。ほとんどの犯罪は巻き込まれ型だ」と言われたことがあります。なるほどと思って。人生でもっとも大事なものを守るために、巻き込まれないよう注意することは重要ですね。

そのためには嘘も悪くないと私は思います。というのも、私は随分と図々しい人から物事を頼まれることが多い。田舎の友達が夫に殴られたと言って逃げてきて、「一〇〇万円貸して」と言われれば貸してしまう。その後、二度と連絡が取れなかったりして……。私は貸し倒れが二〇〇〇万円はあります。

**佐藤**　僕も一〇〇人以上のロシア人にカネを貸しましたが、ちゃんと返ってきたのは三人だけでした。

**西原**　高須さんは「二〇〇万円貸して」と言われたら二〇万円あげなさい。私のような人をあと九人探しなさい――って言いなさいと……。

**佐藤**　それはいい方法ですね。

**西原**　女性ってみんなにいい顔をしようとしてしまうじゃないですか。舅、姑に対してもいい顔しようとして。でも「イイ嫁」って、お手伝いさん並みにこき使われることですから、できる限り回避した方がいい。私は女性に対して、「心の中に小さな野村沙知代を飼いなさい」って言っています。

**佐藤**　鬼嫁のススメね。

巻き込まれないように注意する――というのは修羅場を作らない重要なポイントだけれど、僕の場合は、巻き込まないように気を付けています。というのも、北方領土交渉のときに、最後に必要なのは政治力だと思って、鈴木宗男さんに外務省を助けてくれとお願いし、結果的に不幸な形で巻き込んでしまった経験があるからです。

そうそう。僕は何をするにも猫に相談します。猫は信用できますから。

**西原**　かわいいですよね。でも、餌をもらうとよその人でも付いて行っちゃう。裏切りますよ。

**佐藤**　いえいえ。自ら積極的に東京地検特捜部に駆け込み、供述調書を作ったりしませんよ。その点において、猫は信用できる。

**西原**　佐藤さん、本当に大変な修羅場をくぐり抜けてきましたね。

**佐藤**　大したことありません。事件の容疑者になって、メディアスクラムで三ヵ月間ホテル暮らしを強いられ、自宅の郵便物を報道陣に荒らされて、逮捕されて足かけ五一三日間独房に入れられて、公判に四五〇〇万円かかって、裁判に八年を要して、外務省をクビになったくらいです。ハムラビ法典の「目には目を」じゃないですが、やられた範囲内での復讐しか考えていませんよ。

**西原**　ははは。

（撮影◎和田直樹）

## おわりに――「時」を見極めるということ

人生は、文字通り、山あり、谷ありだ。山と谷が、交互に続くならば、それなりのリズムをつかむことができる。しかし、実際の人生そうはいかない。山ばかり、すなわち「パパ、今日もホームランだね」というような調子の良い状態が続くと、人間はそれが当たり前と思って、悪いときのことを考えなくなる。

私自身、外交官時代の生活を振り返ってみると、まさにそういう状態だったのだと思う。専門職員（ノンキャリア）で外務省に入っても、出世しないし、どうせ面白い仕事もないだろうからと、最初から組織には期待していなかった。ただし、研修は、キャリア、ノンキャリアの区別がなく、充実しているので、ロシア語の力をつけて、外務省に対する義理を果たした上で、四〇歳くらいでアカデミズムに転出するという人生設計を当初は立てていた。

しかし、人生は予定通りにいかない。私が外務省に入って、夜を徹して国益のために一生懸命努力している先輩たちの姿を見て、この組織に本気で惚れてしまった。今になって振り返ると、先輩たちが、完全徹夜や半徹夜を繰り返していたのは、無駄な仕事が多いのと要領が悪いからで、そもそも官僚が国益のために一生懸命仕事をするのは、それが自分の出世につながるからであるのだが、当時の私にはそのようなカラクリがよくわからなかった。

外務省時代は、自分で言うのもおかしいが、月三〇〇時間近く超勤した。正規の仕事だけでなく、モスクワ国立大学哲学部の客員講師としてプロテスタント神学を教え、東京大学教養学部の専門課程では、文部教官の併任発令を受けてユーラシア地域変動論（民族問題）を教えた。いつかアカデミズムに戻ろうという計画のためだけに大学で教鞭《きょうべん》を執ったのではない。モスクワ国立大学客員講師の名刺があると、外交官としては会いにくいロシアの要人とも、学者として会うことができたので情報収集に有益だったからだ。

東京大学で教鞭を執ったのは、「教えながら勉強すること」で民族問題に関する知識を拡充することと、インテリジェンス（特殊情報）の資質がある学生に目をつけて「外務省で働くことを考えてみないか」と声をかけることが目的だった。偏差値秀才は、基本書の内容を暗記して再現することは得意だ。東大生は、「外交官になりたい」という動機さえ持てば、二年本気で勉強すれば、キャリア試験に合格する。ときどき東大生でも、ギリシア語やチェコ語などの特殊言語（外務省でキャリア職員が研修する英米仏独西中アラビア以外の言語を指す）をどうしても専門にしたいと考え、専門職員で入省する人もいる。そういう人は半年くらいの勉強で合格している。記憶力と再現力は、エリートにとっての必要条件だ（ただし、十分条件ではない）。東大生にこの必要条件を備えている人は多い。伝統的な、東大式勉強法は、二十一世紀の国際基準に照らしても、十分対応できると思う。米国型の実学志向に惑わされない方がいい。

七年八ヵ月のモスクワ勤務を終えて、私が東京の外務本省に戻ったのは、一九九五年四月のことだった。一九九七年から北方領土交渉が動き出し、クレムリン（ロシア大統領府）、ロシアの政府や議会に独自の人脈を持ち、大統領補佐官、大統領副長官、第一副首相、第一副議長やSVR（対外諜報庁）幹部と親しくしていた私は、頻繁にロシアに出張するようになった。また、総理官邸を頻繁に訪れ、総理、官房長官、官房副長官などの政府首脳に直接報告し、求められれば自分の意見を言うようになった。

当時、私は仕事が面白かったので、ただひたすら「どうすれば北方領土が日本に返還されるか」だけを考えて、目的合理的に行動してきた。当然、自分の周囲には、能力が高く、機転が働く部下だけを集める。上司でも、能力が劣ると考えた人に対しては、特に乱暴な態度を取った覚えはないが（正直に言うと、仕事の障害になるときは、局長級の幹部であっても「あんた、そんなイカレたことをしていて大丈夫ですか。相応の責任を総理官邸から取らされることになりますよ」と声を荒らげて伝えたことは何度かある）、そういう上司や同僚は私の視界に入らなくなっていた。

一九九八年には、登用は年次一四年目からという内規の例外として、私は特別専門職（五年遅れのキャリア扱いとなる）に登用された。そして、主任分析官に指名され、外務省報償費（機密費）も使えるようになって、部下も数名ついた。客観的に見れば、ノンキャリアで採用された職員としては、かなり優遇されていたのであるが、私自身はそのような自覚を全く持っていなかった。好きな仕事に打ち込んでいたらポストとカネがついてきた、くらいの感覚だった。

それがすべて暗転したのが、二〇〇二年の鈴木宗男事件だった。あの嵐に巻き込まれる中で、私はいかに多くの敵を作っていたかということと、同時に妬まれていたことにも気づいた。あの状況は確かに修羅場だった。しかし、私はうろたえずに、所与の条件の中で、懸命に生き残ることを考えた。その証言が拙著『国家の罠――外務省のラスプーチンと呼ばれて』（新潮文庫、二〇〇七年）だ。

私の基礎教育は、キリスト教（プロテスタント）神学だ。それだから神学的知識を総動員して自らの生き残りを考えた。旧約聖書の「コヘレトの言葉（伝道の書）」にこんな記述がある。

〈何事にも時があり
天の下の出来事にはすべて定められた時がある。
生まれる時、死ぬ時
植える時、植えたものを抜く時
殺す時、癒す時
破壊する時、建てる時
泣く時、笑う時
嘆く時、踊る時
石を放つ時、石を集める時
抱擁の時、抱擁を遠ざける時
求める時、失う時

保つ時、放つ時
裂く時、縫う時
黙する時、語る時
愛する時、憎む時
戦いの時、平和の時。

人が労苦してみたところで何になろう。〉（3章1〜9節）

企業、官庁でも、上司を選ぶことはできない。無能な上司、性格に著しい偏りのある上司に遭遇したときは、「時」を待って、行動に移る。決して、時期尚早な戦いをしてはならない。本書で取り上げた、修羅場の作法の達人たちは、「時」を見極める達人でもある。「時」の見極め方について、神学的な言葉を用いて掘り下げて考察したのが今年四月に角川書店から上梓した『宗教改革の物語――近代、民族、国家の起源』だ。是非手に取って欲しい。

本書の刊行に当たっては、連載を担当してくださった『中央公論』編集部の中西恵子氏、当時の同誌編集長の木佐貫治彦氏、中公新書ラクレ編集部の黒田剛史氏にたいへんにお世話になりました。深く感謝申し上げます。

二〇一四年四月二九日、曙橋（東京都新宿区）の自宅にて、
茶トラの雄猫（ただし去勢済み、推定一〇歳）のタマをひざに抱きながら、

佐藤　優

# 初出一覧

＊月刊『中央公論』連載「修羅場の作法」を再構成した。左記の一覧は、連載順。

第一回　二〇一三年五月号（三月二十七日脱稿）↓はじめに、1章
第二回　二〇一三年六月号（四月二十三日脱稿）↓4章
第三回　二〇一三年七月号（五月二十八日脱稿）↓2章
第四回　二〇一三年八月号（六月二十五日脱稿）↓7章
第五回　二〇一三年九月号（七月二十七日脱稿）↓6章
第六回　二〇一三年十月号（八月二十八日脱稿）↓10章
第七回　二〇一三年十一月号（九月二十七日脱稿）↓5章
第八回　二〇一三年十二月号（十月二十八日脱稿）↓3章
第九回　二〇一四年一月号（二〇一三年十一月二十八日脱稿）↓8章
第十回　二〇一四年二月号（二〇一三年十二月十七日脱稿）↓11章
番外編　二〇一四年三月号（一月十四日対談）↓終章
第十一回　二〇一四年四月号（二月二十六日脱稿）↓9章
「おわりに」は書き下ろし

Chuko Shinsho La Clef
中公新書ラクレ 500

修羅場《しゅらば》の極意《ごくい》

2014年6月10日発行

著者 佐藤《さとう》 優《まさる》

発行者 小林敬和
発行所 中央公論新社
〒104-8320 東京都中央区京橋 2-8-7
電話 販売 03-3563-1431
編集 03-3563-3669
URL http://www.chuko.co.jp/

本文印刷 三晃印刷
カバー印刷 大熊整美堂
製本 小泉製本


Published by CHUOKORON-SHINSHA, INC.
Printed in Japan ISBN978-4-12-150500-2 C1236

## 中公新書ラクレ刊行のことば

世界と日本は大きな地殻変動の中で21世紀を迎えました。時代や社会はどう移り変わるのか。人はどう思索し、行動するのか。答えが容易に見つからない問いは増えるばかりです。1962年、中公新書創刊にあたって、わたしたちは「事実のみの持つ無条件の説得力を発揮させること」を自らに課しました。今わたしたちは、中公新書の新しいシリーズ「中公新書ラクレ」において、この原点を再確認するとともに、時代が直面している課題に正面から答えます。「中公新書ラクレ」は小社が19世紀、20世紀という二つの世紀をまたいで培ってきた本づくりの伝統を基盤に、多様なジャーナリズムの手法と精神を触媒にして、より逞しい知を導く「鍵《ラ・クレ》」となるべく努力します。

2001年3月